2023—2024 年中国工业和信息化发展系列蓝皮书

2023—2024 年
中国电子信息产业发展蓝皮书

中国电子信息产业发展研究院　编　著

李宏伟　主　编

陈渌萍　张金颖　赵　燕　副主编

电子工业出版社

Publishing House of Electronics Industry

北京·BEIJING

内 容 简 介

本书从推动当前产业创新发展、助推新型工业化和现代化产业体系建设的目标出发，深入剖析了我国电子信息产业发展的特点与问题，并根据产业发展情况，对 2023 年产业运行、行业特征、重点领域、区域发展、企业近况、政策措施进行了全面阐述，对 2024 年产业整体情况进行了展望。

作为一年一度的研究成果，本书展现了中国电子信息产业发展研究院对电子信息产业的跟踪研究进展，为相关行业主管部门和业界人士提供了电子信息产业发展的整体现状、发展动态、趋势研判，为广大读者了解和推动电子信息产业发展提供了窗口。

图书在版编目（CIP）数据

2023—2024 年中国电子信息产业发展蓝皮书 / 中国电子信息产业发展研究院编著；李宏伟主编. -- 北京：电子工业出版社，2024. 12. --（2023—2024 年中国工业和信息化发展系列蓝皮书）. -- ISBN 978-7-121-49396 -6

Ⅰ. F426.67

中国国家版本馆 CIP 数据核字第 20248T0557 号

责任编辑：宁浩洛
印　　刷：中煤（北京）印务有限公司
装　　订：中煤（北京）印务有限公司
出版发行：电子工业出版社
　　　　　北京市海淀区万寿路 173 信箱　　邮编：100036
开　　本：720×1 000　1/16　印张：14.5　字数：278 千字　彩插：1
版　　次：2024 年 12 月第 1 版
印　　次：2024 年 12 月第 1 次印刷
定　　价：218.00 元

凡所购买电子工业出版社图书有缺损问题，请向购买书店调换。若书店售缺，请与本社发行部联系，联系及邮购电话：(010) 88254888，88258888。

质量投诉请发邮件至 zlts@phei.com.cn，盗版侵权举报请发邮件至 dbqq@phei.com.cn。

本书咨询联系方式：(010) 88254465，ninghl@phei.com.cn。

前 言

　　2023 年，我国电子信息制造业面对全球经济复苏乏力、局部冲突频发、市场透支及库存积压等不利因素，展现出坚强韧性，全年运行呈现先抑后扬走势，产业结构稳步优化，高端产品、新兴领域热点亮点不断，对传统行业的托举、赋能、引领作用彰显，持续发挥着工业经济"压舱石""倍增器""催化剂"的重要作用。

一

　　全球电子信息制造业持续承压，未来复苏预期仍不稳固。新冠疫情期间，全球电子信息制造业受"宅经济"刺激、交通物流紊乱、区域科技与贸易摩擦等因素影响，市场透支、重复下单和渠道库存积压情况异常严重。疫情转段后，俄乌冲突、欧美主要经济体通胀，导致手机、个人计算机等非刚性需求品消费市场持续低迷，企业和渠道库存积压消化速度不及预期，拖累全产业表现。Canalys 数据显示，2023 年全球智能手机出货量为 11.4 亿部，同比下降 4%，为十年来最低的全年出货量；全球个人计算机市场出货量为 2.47 亿台，同比下降 13%。SIA 数据显示，2023 年全球半导体行业销售额总计 5268 亿美元，同比下降 8.2%。

　　2023 年，我国电子信息制造业展现出恢复向好的生产态势，出口降幅有所收窄，经济效益逐步恢复，投资保持平稳增长。具体来看，规模以上电子信息制造业增加值同比增长 3.4%，虽然低于同期工业增加值增速 1.2 个百分点，但高于高技术制造业增加值增速 0.7 个百分点。在主要产品方面，手机产量达到 15.7 亿部，同比增长 6.9%，其中智能手机产量为 11.4 亿部，同比增长 1.9%；微型计算机设备产量为 3.31 亿台，同比下降 17.4%；集成电路产量为 3514.4 亿块，同比增长 6.9%。在出口方面，据海关统计，2023 年我国出口笔记本电脑 1.4 亿台，同比下降 15.1%；出口手机 8.02 亿部，同比下降 2%；出口集成电路 2678 亿块，同比下降 1.8%，出口降幅有所收窄。在经济效益方面，规模以上电子信息制造业实现营业收入 15.1 万亿元，同比下降 1.5%；营业成本为 13.1 万亿元，同比下降 1.4%；实现利润总额 6411 亿元，同比下降 8.6%，营业收入利润率为 4.2%，反映出经济效益逐步恢复的趋势。此外，固定资产投资同比增长 9.3%，虽低于同期高技术制造业投资增速 0.6 个百分点，但高于工业投资增速 0.3 个百分点，投资保持平稳增长。

前瞻性基础性创新再掀热潮，产业新赛道加速拓展。虚拟现实领域，近眼显示技术近年加速成熟，2023 年 6 月苹果正式发布首款 AR 头显产品 Apple Vision Pro，带动新一轮 VR/AR/MR 产品发布、升级，相关应用生态逐步构建。锂离子电池领域，新材料、新工艺、新结构不断涌现，半固态、固态电池能量密度快速提升，快充技术备受市场关注。通信领域，6G 研发和商用已提上日程，太赫兹通信、通感一体、星地一体化网络等关键技术取得重要进展。

各领域多项新技术产业化落地进程进一步提速。人工智能领域热点不断，全球算力需求快速攀升，人工智能产业在前沿技术的开发进度、产品的商业化落地、市场开拓以及产业链布局等方面的竞争将会进一步加剧。智能可穿戴设备、智能家居等新兴消费电子市场经过过去两年的技术改进和生态构建，有望诞生新热点产品。汽车电子、锂电、光伏等前期保持高速增长的领域，进入技术路线选择与技术格局重构的关键窗口期。工业互联网、智慧医疗、智慧城市等新业态、新模式加速转变，赋能经济社会发展，带来整体生产力与生产效率的提升。近年来，在国产化浪潮推动下正在逐渐起步的国内 GPU 芯片企业迎来发展良机，天数智芯通用 GPU 芯片订单规模已突破 5

亿元；海光信息"深算一号"GPGPU 产品实现商业化应用；燧原科技与首都在线联合开发的 AIGC 模型方案发布内测。

二

国际政治经济风险仍在攀升，产能外迁压力依然较大。美国及其盟友国仍在持续加大对我国科技领域的打压力度，2023 年 7 月 23 日，日本对 23 类先进半导体制造设备的出口管制正式生效；8 月 9 日，美国总统拜登签署"对华投资限制"行政命令，禁止或限制美国在包括半导体和微电子、量子信息技术、人工智能系统三个领域对中国实体的投资；8 月 18 日，美、日、韩三国领导人在戴维营会晤并发表联合声明，强调将在半导体、人工智能、量子科技等领域开展紧密合作，巩固科技垄断联盟。美国也频频拉拢印度、越南等国，企图加速全球产业链供应链重构，给我国产业的稳定发展带来更大压力。尤其 2023 年底以来，美国及其盟友国对我国科技的限制打压收严，在进一步升级对 AI 芯片和半导体设备出口管制的基础上，又开始对其企业使用我国成熟芯片的情况进行审查，对我国产业链供应链安全从供需两端再度进行围堵。此外，欧美企业加速推动产业链供应链"备份"计划，整机代工及部分元器件产能外迁压力可能进一步加大。

国际"隐性"贸易限制增加，"逆经济规律"分裂蕴含巨大风险。伴随全球产业链供应链加速重构，各国采用多种手段推动制造业回流，除出口管制、关税壁垒等"显性"手段外，以去风险、减少外部依赖、绿色环保等主题为借口的"隐性"贸易限制明显增多。2023 年 4 月 18 日，美国《通胀削减法案》正式生效，其以在美国本土或北美地区生产和销售为前提条件，支持电动汽车、关键矿物、清洁能源及发电设施的生产和投资；9 月 14 日，欧洲议会高票通过《关键原材料法案》，要求每年至少 10% 的稀土、锂、钴、镍及硅等关键原材料在欧盟内部提取，至少 40% 的关键原材料在欧盟内部加工，至少 15% 的原材料消费来自可再生提取。电子信息产业技术和资金密集度高、产业链条长、细分领域多、规模效应显著，数十年来正是依靠全球化产业分工和跨国市场生态整合才成功保持高速发展和活跃创新，"隐性"贸易壁垒可能导致全球电子信息产业链供应链分裂，给产业链供应链的正常运行造成沉重打击。

跨国知识产权纠纷不断，国际产业话语权竞争升级。国际科技竞争日趋激烈，知识产权一直是贸易壁垒之外企业间竞争的重要工具。近年来，我国企业技术逐渐接近国际先进水平，知识产权纠纷进入高发期。如在通信设备领域，诺基亚先后在印度、法国、德国、英国等多个国家和地区对 OPPO 发起专利诉讼并申请禁令，韩国 LG 电子在印度起诉 vivo 专利侵权。美国也对我国提出多起 337 调查，并发布普遍排除令和禁止令，截至 2023 年 11 月仍在调查的就有 15 起。标准和专利竞争是电子信息制造业在发展到一定阶段后，确立话语权和地位的重要方式。随着我国电子信息企业"走出去"步伐加快，与外国龙头企业在标准和专利领域的竞争将愈加激烈，与外国政府有关部门、委员会、企业的知识产权纠纷可能长期持续。

2024 年，电子信息产业仍是我国着力发展的重点产业，也是推进新型工业化的关键引擎。为加速推进新型工业化，各省市依据特有区位特点及资源优势，因地制宜推进电子信息产业发展，主要措施包括：聚焦高端化、智能化、绿色化、集群化，围绕电子信息产业链，集中优质资源，着力优化产业结构，推动数实深度融合，打造优良产业生态；同时，加快布局人工智能、量子计算、新型显示等前沿技术研发，为我国电子信息制造业高质量发展提供了源源活力。

三

基于对国内外电子信息产业的最新研判，中国电子信息产业发展研究院编著了《2023—2024 年中国电子信息产业发展蓝皮书》。本书从推动当前产业创新发展、助推新型工业化和现代化产业体系建设的目标出发，深入剖析了我国电子信息产业发展的特点与问题，并根据产业发展情况，对 2023 年产业运行、行业特征、重点领域、区域发展、企业近况、政策措施进行了全面阐述，对 2024 年产业整体情况进行了展望。全书分为综合篇、行业篇、领域篇、区域篇、企业篇、政策篇、展望篇 7 个部分。

综合篇，从 2023 年全球和我国电子信息制造业发展情况、发展特点等角度展开分析，总结概括在内外部发展新环境下的产业整体情况。

　　行业篇，选取计算机、通信设备、消费电子、新型显示、电子元器件 5 个重点行业，对各行业在 2023 年的发展情况进行回顾，并总结各行业的发展特点。

　　领域篇，选取智能手机、虚拟现实、超高清视频、5G 网络及终端、人工智能、汽车电子、锂离子电池、智能传感器、数据中心、智能安防 10 个领域进行深入研究，分析各领域 2023 年的发展情况。

　　区域篇，根据我国电子信息制造业发展的空间布局，选取长三角、珠三角、环渤海、福厦沿海、中部、西部 6 个重点区域，对各区域的发展状况进行分析。

　　企业篇，选取计算机、通信设备、消费电子设备、新型显示、电子元器件行业的重点企业，对企业的经营情况、技术进展、专利情况、国际市场拓展情况等开展研究，展现电子信息龙头企业的最新发展动态。

　　政策篇，论述 2023 年我国电子信息产业的重点政策，详细分析在积极谋划产业高质量发展、着力推动行业创新应用、力促产业依规健康发展、精准支持重点产业发展等方面的扶持政策，围绕电子信息制造业稳增长、视听电子产业高质量发展、能源电子产业发展等政策进行解析，判断电子信息领域最新政策动向。

　　展望篇，结合我国电子信息制造业发展面临的国际国内形势、发展现状与趋势，以及国内外重点研究机构的预测性观点，对我国电子信息制造业 2024 年运行情况进行展望，并预测重点行业、重点领域的发展走向。

　　未来几年，我国电子信息制造业高质量发展仍然任重道远。为实现这一目标，唯有统筹推进补短板、锻长板、强基础，不断增强产业链韧性和竞争力，推动电子信息制造业转型升级，才能不断提升产业链供应链的现代化水平，为构建现代产业体系、推进新型工业化提供坚实的支撑。

中国电子信息产业发展研究院

目 录

综 合 篇

行 业 篇

领　域　篇

政　策　篇

展　望　篇

综合篇

第一章

2023 年全球电子信息产业发展状况

第一节　发展情况

一、整体发展情况

2023 年，由于全球经济复苏乏力、局部冲突频发、市场透支及库存积压等不利因素，全球电子信息产业持续承压发展。下游消费电子终端需求逐渐筑底回升，计算机、手机等市场需求下半年降幅不断收窄，带动上游电子元器件行业回暖。光伏、锂电、新能源汽车等需求保持较快增长。生成式人工智能引爆市场，国际巨头积极开发大模型产品及相关应用，对高性能、高算力芯片的需求巨大，同时推动下游消费电子产品需求扩大，为全球电子信息产品注入新的增长动能。但全球地缘政治因素复杂，多国加大电子信息产业扶持政策，投入"军备竞赛"，全球电子信息产业链供应链仍不稳固。

二、重点行业发展情况

（一）通信设备行业发展情况

根据 Canalys 数据，2023 年全球智能手机市场需求跌幅收窄。2023年全球智能手机市场出货量为 11.4 亿部，同比下降 4%，为 2013 年以来历史最低出货量。其中，苹果以 2.29 亿部的出货量首次跃居全球第一，出货量同比下降 1%，市场份额为 20%。三星位居第二，出货量达

2.25亿部,同比大幅下降13%,仍占据20%的市场份额。小米紧随其后,以1.46亿部的出货量位居第三位,同比下降4%,市场份额达13%。OPPO和传音以1.0亿部和0.93亿部的出货量分别位列第四和第五位,市场份额分别为9%和8%,其中,OPPO出货量同比下降11%;传音则同比增长27%,为出货量TOP5中唯一正增长的智能手机品牌,这主要受益于拉美、非洲和中东市场需求的不断回升。中国智能手机品牌vivo出货量跌出全球前五。

(二)计算机行业发展情况

根据IDC数据,2023年全球计算机出货量约2.60亿台,为近五年最低,全年同比降幅继续扩大至13.9%,出货量连续8个季度下滑。出货量排名前五的厂商依次是联想、惠普、戴尔、苹果、华硕。其中,联想出货量约5900万台,同比下降13.2%,但仍占据全球22.7%的市场份额;惠普出货量约5290万台,同比小幅下降4.3%,市场份额为20.4%;戴尔出货量约4000万台,受"去中国化"战略影响同比下降19.6%,市场份额为15.4%;苹果出货量约2300万台,同比下降22.4%,跌幅最大,市场份额为9.3%;华硕出货量约1600万台,同比下降18.1%,市场份额为6.5%。2023年前五大计算机厂商的出货量均较2022年有所下降,除惠普外,其他四大厂商的出货量降幅均超过10%。全球计算机市场即使在大量促销活动下,仍旧需求萎靡,假日季的出货量亦为自2006年以来同期最低。

(三)视听电子行业发展情况

根据奥维睿沃(AVC Reco)发布的数据,2023年全球电视机出货约1.96亿台,同比下降3.5%;出货面积约1.46万平方米,同比增长1.2%;出货平均尺寸为52.1英寸,同比增长1.2英寸。受高通胀影响下购买力下降及Mini LED电视、游戏电视等产品冲击,高端OLED电视出货规模大幅下降,2023年全球OLED电视出货540万台,同比下降20.1%。从具体厂商来看,全球出货量前五大厂商依次为三星、海信、TCL、LG电子和小米。其中,三星出货量约3640万台,同比下降7.7%。海信出货量约2585.2万台,是出货量TOP5中唯一连续6年增长的厂商,在欧洲市场，海信系电视出货量增速在全球主流电视品牌中最快；在北美市场，海信系电视出货量占比同比提升 2.15 个百分点；在日本市场，海信系电视出货量占比 33.42%，高居第一；在亚太、拉美等新兴市场，海信系电视出货量也实现快速增长。TCL 出货量约 2550 万台，同比增长 9.6%，主要依靠海外需求拉动，海外出货量同比增长 13.1%。LG 电子出货量约 2140 万台，同比下降 7.3%，其中高端 OLED 电视出货量同比下降 28.5%。小米出货量达 1130 万台，Mini LED 电视起量迅速。

（四）新型显示行业发展情况

2023 年，新型显示市场下游终端销售疲软进一步传导至上游面板厂商，叠加渠道库存增加影响，品牌商采购策略趋于保守，新型显示行业持续处于下行周期，产品价格显著下降。根据中国光学光电子行业协会液晶分会统计数据，2023 年全球新型显示产业营收规模为 1882 亿美元，同比降幅收窄至 7%。其中，显示器件（面板和模组）营收规模为 1055 亿美元，同比下降 6%；显示面板出货面积为 24434 万平方米，同比增长超 1%。根据群智咨询数据，笔记本电脑面板营收降幅最大，同比下降 22%，智能手机、平板电脑和监视器面板营收降幅也在 10% 以上，电视面板受价格拉动营收同比增长 6%，车载显示面板受需求带动营收同比增长 9%。中国大陆新型显示行业产业链营收规模为 911 亿美元，同比增长 3%；中国大陆显示器件（面板）出货面积达 15850 万平方米，同比增长近 6%，全球市场份额近 64%，同比增长 4 个百分点。2023 年，新型显示的技术结构进一步微调，LCD 技术应用降幅虽然明显但依然占据主流地位；OLED 技术发展势头有所减缓；LED 技术市场份额稳步提升。主要面板厂商虽然营收均有所下滑，但原因各异，京东方 2023 年显示面板营收为 206.1 亿美元，同比小幅下降 2%；三星、LG 营收分别为 208.3 亿美元、121.2 亿美元，同比下降 13%、22%。

（五）光伏行业发展情况

2023 年，全球光伏行业继续保持高速增长态势，市场规模持续扩大。据国际能源署统计，2023 年全球新增光伏装机 444GW，同比增长 76%，预计 2024 年全球新增光伏装机 574GW，增速放缓至 29%。中国光伏企业占据了全球 70%以上的市场份额，2023 年中国新增光伏装机 216.30GW，创历史新高，接近 2019 年至 2022 年四年之和。其中，集中式光伏新增装机 120.014GW，分布式光伏新增装机 96.286GW，主要得益于"沙戈荒"光伏基地装机放量。户用光伏新增装机 43.483GW，为历史最高点。截至 2023 年底，中国累计光伏装机量达到 608.918GW。美国光伏在经历了 2022 年的缓慢增长后，2023 年新增光伏装机 33.2GW；巴西保持了 2022 年的市场活力，新增光伏装机 11.9GW，累计装机量跻身全球前十。

第二节　发展特点

一、新一轮产业政策竞争加剧，美西方打压我国的联盟化程度提高

美西方联盟在美国的软硬兼施下，加大对我国电子信息产业的打压力度。美国坚持"小院高墙"策略，针对尖端领域进一步升级对我国的出口管制。2023 年 10 月 17 日，拜登政府宣布进一步限制美国公司的先进半导体销售，最终规则在 2022 年 10 月 7 日出台的临时规则基础上，进一步加严对人工智能相关芯片、半导体制造设备的对华出口限制，并将多家中国实体增列入出口管制"实体清单"。美国盟友在其推动下沆瀣一气，加强出口管制、反补贴调查、专利诉讼等对我国的打压力度。欧盟于 2023 年 1 月发布公告称《外国政府补贴条例》正式生效，审查非欧盟国家对其在欧盟从事经济活动的公司提供的补贴，并于 10 月发起对从中国进口的纯电动汽车的反补贴调查。

二、人工智能商业化应用场景加速落地

人工智能应用场景加速落地，有望带动电子信息制造业高端环节快速增长。以 ChatGPT 为代表的生成式人工智能技术自发布以来用户数量快速增长，"AI+"应用呈现井喷状态。一方面，生成式人工智能与消费应用场景结合，刺激新的消费需求。AI 促进云计算市场进一步扩大，边缘计算则进一步使 AI 应用更加高效，这带动了人工智能芯片等上游

电子元器件的需求进一步扩大。AI 技术被集成到 AI 手机、AI PC、智能家居设备、自动驾驶汽车等各种新产品中，智能化的功能和服务激起消费者的换机需求。AI 在视频监控、门禁控制等安防产品中的应用，提升了安防系统的智能化水平。另一方面，AI 技术与生产经营决策相结合，创造了巨大规模的商用市场。AI 技术推动了高性能计算、量子计算等先进计算技术的发展，赋能工业机器人和自动化生产线，亦广泛地应用于预测性维护、质量控制、供应链优化等，提升了生产效率和产品质量。此外，随着生成式人工智能应用场景拓展，全球多国加强 AI 治理与安全监管。2023 年 5 月，英国宣布将对人工智能市场展开审查，涉及 ChatGPT 等工具背后的技术，并研究制定安全护栏规则。5 月 21 日，G7 领导人峰会发布联合声明，将推进关于包容性人工智能治理和互操作性的国际讨论。5 月 30 日，习近平总书记在中央国家安全委员会会议上指出，要切实做好提升网络数据人工智能安全治理水平、加快建设国家安全风险监测预警体系等方面的工作。6 月 14 日，欧洲议会投票通过了欧盟《人工智能法案》，将禁止实时远程生物特征识别技术，并对 ChatGPT 等生成式人工智能工具提出了新的透明度要求。人工智能领域全球关键技术领导地位的激烈竞争已开始在法律、政策等软实力上显现。

三、换机周期叠加技术创新集中突破有望驱动产业回暖

新冠疫情带来的消费电子产品需求短期集中增长及随之而来的基数效应基本消化完毕，人工智能等技术进步和硬件换代加快激发消费者需求，并"自下而上"带动电子信息制造业整体回暖。高频 DDR5 快速普及、显示效果需求上升并向低端市场渗透，带动 OLED 等 PC 显示器行业实现正增长。GPU 等硬件配置提升、独显直连和 PD 充电普及等微创新层出不穷，叠加游戏本价格下探，催化大尺寸游戏本、配置新硬件的高端机等需求增长。此前"宅经济"消费者购入的设备进入新一轮换机窗口期，成熟 MR 产品有望起量。端侧 AI 创新产品不断涌现，生成式人工智能可能成为消费电子终端新的需求爆发点，并带动上中游元器件需求恢复。2023 年下半年，高通和联发科相继发布能够支持在手机端运行百亿参数大模型的新一代手机芯片，华为、小米、vivo 等多家手

机厂商宣布自有品牌手机助手具有大模型能力，并开启内测。根据 Counterpoint Research 数据，2023 年生成式人工智能手机市场份额占比约 4%，预计 2024 年翻番。根据 Canalys 预测，在 2024 年出货的 PC 中，AI PC 占比将会接近 20%。

四、跨国知识产权纠纷不断，国际产业话语权竞争升级

近年来，国际科技竞争日趋激烈，知识产权成为贸易壁垒之外企业间竞争的重要工具。我国部分龙头企业在多年努力与积累下，技术逐渐接近国际先进水平，但由于专利授权收入是部分衰落老牌电子信息企业的重要收入来源，知识产权纠纷进入高发阶段。如在通信设备领域，诺基亚先后在印度、法国、德国、英国等多个国家和地区对 OPPO 发起专利诉讼并申请了禁令，韩国 LG 电子也在印度起诉 vivo 专利侵权。美国也对我国提出多起 337 调查，并发布普遍排除令和禁止令，截至 2023 年 11 月仍在调查的就有 15 起。标准和专利竞争是电子信息制造业在发展到一定阶段后，确立话语权和地位、提高技术准入壁垒、获得国际竞争优势的重要方式。随着我国电子信息企业出海步伐加快，与外国龙头企业在标准和专利领域的竞争将愈加激烈，与外国政府有关部门、委员会、企业的知识产权保护纠纷可能成为我国电子信息制造业未来拓宽国际市场、打造中国品牌的焦点问题。

第二章

2023年中国电子信息产业发展状况

2023年是全面贯彻党的二十大精神的开局之年，面对全球经济复苏乏力、局部冲突频发、市场透支及库存积压等不利因素，我国电子信息行业坚持以习近平新时代中国特色社会主义思想为指导，砥砺奋进、攻坚克难，整体生产恢复向好，产业结构稳步优化，高端产品、新兴领域热点亮点不断，对传统行业的托举、赋能、引领作用持续彰显。纵观全局，电子信息产业发展的驱动要素、发展方式和产业结构等正在发生重大变革，美西方国家对我国的打压措施进一步升级，产业国内转移和国际迁移进程进一步加速。尽管内外部环境剧烈变化，我国电子信息制造业内生动力不断增强，政策供给红利持续释放，技术创新产业化进程即将加速，产业链供应链韧性和安全水平继续稳步提升，产业有望在增速进一步企稳的同时迎来更多新机遇。

第一节 发展情况

一、产业整体情况

2023年，面对复杂严峻的国内外形势，我国电子信息制造业生产恢复向好，出口降幅收窄，营业收入和利润总额逐步恢复，投资增速有所回落但保持平稳增长，多区域营收降幅收窄，全年运行呈现先抑后扬走势，高质量发展步伐持续迈进。

产业规模稳中有进。2023年，我国电子信息行业营业收入达到27.43万亿元，相比2022年增长4.9%。规模以上电子信息制造业增加值相比

2022 年增长 3.4%（见图 2-1），增速较同期高技术制造业高出 0.7 个百分点，实现营业收入近 15.11 万亿元，同比下降 1.5%（见图 2-2），占工业 41 个行业营业收入总量的 11.32%，仍是稳定工业规模的"压舱石"；软件和信息技术服务业累计完成营业收入 12.33 万亿元，相比 2022 年增长 13.4%。利润方面，规模以上电子信息制造业实现利润总额 6411 亿元，同比下降 8.6%（见图 2-2），增速较 2022 年同期提升 4.5 个百分点；软件和信息技术服务业实现利润总额 1.46 万亿元，同比增长 13.6%，增速较 2022 年同期提高 7.9 个百分点。

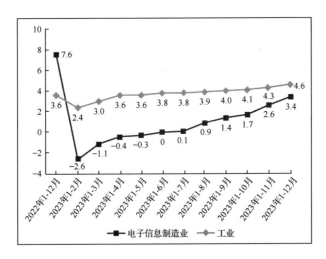

**图 2-1 2022 年 12 月以来我国规模以上电子信息制造业增加值和
工业增加值增速（%）**

（数据来源：国家统计局，赛迪智库整理）

出口交货值降幅收窄。2023 年，我国规模以上电子信息制造业出口交货值达到 62390.8 亿元，同比下降 6.3%（见图 2-3）。从整机产品来看，电视机出口量快速增长，手机、笔记本电脑出口量下降。2023 年，我国电视机出口 9963 万台，同比增长 7.5%，出口额达到 983.28 亿元，同比增长 16.3%；笔记本电脑出口 1.4 亿台，同比下降 15.1%；手机出口量减额增，出口量为 8.02 亿部，同比下降 2.0%，但出口额同比增长 2.9%，达到 9797 亿元。从重点器件来看，电子元件出口额同比下降 4.6%，受制于美国的影响逐渐凸显。2023 年，集成电路出口量为

2678 亿块，同比下降 1.8%，出口额为 9567.7 亿元，同比下降 5.0%。面板出口态势回暖，2023 年，液晶平板显示模组出口额为 1872.9 亿元，同比增长 3.8%；OLED 平板显示模组出口额为 814.58 亿元，同比增长 26.8%。

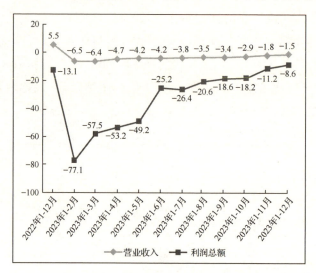

图 2-2　2022 年 12 月以来我国规模以上电子信息制造业营业收入和利润总额增速（%）

（数据来源：国家统计局，赛迪智库整理）

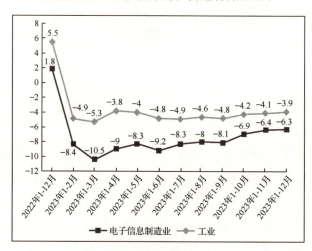

图 2-3　2022 年 12 月以来我国规模以上电子信息制造业出口交货值和工业出口交货值增速（%）

（数据来源：国家统计局，赛迪智库整理）

投资增速有所回落但保持平稳增长。2023 年，我国规模以上电子信息制造业固定资产投资同比增长 9.3%（见图 2-4），较上年同期下降 9.5 个百分点，但仍高于制造业整体投资增速 2.8 个百分点。分季度看，第一、第二季度固定资产投资增速逐步回落，第三、第四季度保持平稳。

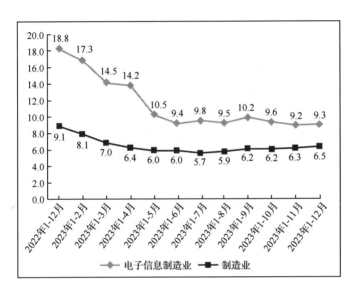

图 2-4　2022 年 12 月以来我国规模以上电子信息制造业固定资产投资和制造业固定资产投资增速（%）

（数据来源：国家统计局，赛迪智库整理）

　　东、中、西部地区营收降幅收窄。2023 年，我国东部地区规模以上电子信息制造业实现营业收入 102827 亿元，同比下降 1.2%；中部地区实现营业收入 25331 亿元，同比下降 1.5%；西部地区实现营业收入 21903 亿元，同比下降 3.3%；东北地区实现营业收入 1007 亿元，同比增长 9.0%（见图 2-5）。四个地区规模以上电子信息制造业营业收入占全国比重分别约 68.1%、16.8%、14.5%和 0.7%。2023 年，京津冀地区规模以上电子信息制造业实现营业收入 7497 亿元，同比下降 2.8%，营收占全国比重约 5.0%；长三角地区实现营业收入 4.26 万亿元，同比下降 1.8%，营收占全国比重达到 28.2%。

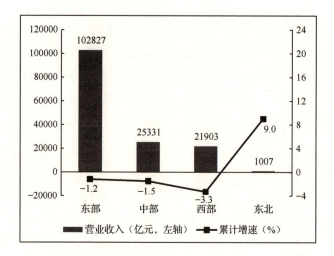

图 2-5 2023 年我国规模以上电子信息制造业分地区营业收入情况
（数据来源：工业和信息化部，赛迪智库整理）

二、重点产业情况

2023 年,《电子信息制造业 2023—2024 年稳增长行动方案》等一系列政策措施发布落地, 政策红利加速释放, 推动重点产业发展回暖。

电子元器件产业整体发展承压, 部分领域分化明显。集成电路产量实现反弹, 2023 年, 我国集成电路累计产量为 3514.4 亿块, 同比增长 6.9%；进口 4795.6 亿块, 同比下降 10.8%。面板产量持续提升, 2023 年中国 OLED 面板产能已占全球 40%以上, TFT-LCD 液晶面板产能占全球 70%以上。光电子器件产量达到 14380.5 亿只, 同比增长 12.5%。电子材料因消费电子产品需求不足影响而营收下降, 覆铜板、磁性材料、电磁防护材料等多领域受到较大影响。

软件产业发展稳步向好, 重点领域增速较快。2023 年, 工业软件产品延续高速增长态势, 实现收入 2824 亿元, 同比增长 12.3%。云服务、大数据服务保持高速增长, 共实现收入 1.25 万亿元, 同比增长 15.4%。集成电路设计收入 3069 亿元, 同比增长 6.4%。嵌入式系统软件收入 10770 亿元, 同比增长 10.6%。信息安全产品和服务收入 2232 亿元, 同比增长 12.4%, 实现稳步增长。

传统三大整机市场发展有所分化, 但产品高级化持续推进。2023

年，计算机行业延续 2022 年下行趋势，累计产量为 34551.7 万台，同比下降 17.6%；国内市场出货量为 4120 万台，同比下降 17%。手机产销量实现恢复性增长，2023 年国内市场手机产量为 156642.2 万部，同比增长 6.9%，其中智能手机产量达到 114462.9 万部，同比增长 1.9%；全年国内出货量达到 2.89 亿部，同比增长 6.5%，其中 5G 手机出货量占比达到 82.8%。国内品牌手机在硬件配置、软件体验、核心技术创新和品牌知名度上持续提升，高端化趋势明显。彩电产量有所下降，全年产量为 19339.6 万台，同比下降 1.3%；销量为 3142 万台，同比下降 13.6%。彩电市场 Mini LED 产品加快普及，75 英寸以上屏幕产品零售量增长明显，产品品质进一步提升。

新兴领域技术加速落地，AI、5G-A、物联网、汽车电子、能源电子等带动产业持续增长。以 ChatGPT 为代表的生成式人工智能在近年 AI 产业整体算力、算法的提升下，于 2023 年集中爆发，引发产业对 AI 算力需求的大规模增长，各行业竞相投入。5G-A（5G Advanced）加快演进落地，推动新型基础设施的泛在智能、融合高效、绿色开放发展。新型终端产品数量快速增长，除无线 CPE、网关、平板电脑、车载终端等传统 5G 终端品类外，5G 摄像头、直播平板、医疗专用终端、5G 音视频执法记录仪等终端新产品持续进入市场。卫星通信和 5G 通信持续融合，加速产品应用创新。智慧家庭场景下的智能门锁、智慧安防、智能家居等领域场景化解决方案不断创新，产品成熟稳定，同时带动上游基础电子元器件产品业务快速增长。工业互联网、智慧医疗、智慧城市等新业态、新模式加速转变，赋能经济社会发展，带来整体生产力与生产效率的提升。新能源汽车引领能源电子和汽车电子市场大幅增长，动力电池产业技术创新引领全球，充电和换电技术创新加快基础设施布局，智能驾驶技术快速发展，加速汽车芯片市场寻求扩张。

第二节 发展特点

一、新质生产力开辟了产业发展新的巨大增量空间

电子信息产业作为全球新一轮科技革命和产业变革的重要力量，技

术创新保持活跃，是培育发展新质生产力的重要领域，集成电路、人工智能、量子信息、移动通信、物联网、区块链等新一代信息技术正成为未来产业创新发展的重要阵地。产业新技术、新应用、新模式、新动能将集中涌现。感知、通信、存储、计算、显示、能源等领域新技术持续进步，向高端化、智能化、集成化、可拓展化、安全化、绿色化趋势演进，并通过推动创新要素资源高效配置和互联互通，推动形成新产品、新服务、新业态，推动现有庞大存量市场产品的更新换代。我国电子信息产业多项创新技术经长期迭代和孵化，已经取得显著进展，进入产业化前夜，激光显示、AI 算力、VR/AR 有望在未来几年迎来市场爆发。新一代信息技术与制造业的融合创新将形成巨大应用市场。AI+、智能制造、物联网、工业互联网等领域新技术新产品将加快制造业设计、生产、检测、运维、物流等环节的模式重构，推动产业链再造和价值链提升，为我国庞大制造业体系的转型升级提供物质技术保障，形成巨大市场空间。数据作为新型生产要素，将成为电子信息产业规模持续扩大的新驱动要素。

二、美西方国家对我国的打压措施进一步升级

中国与美西方国家的竞合关系将走向长期化和机制化，持续成为影响我国电子信息制造业发展的最大不确定性。随着中美战略科技竞争日益白热化，美国拜登政府为维持美国的世界经济领先地位及转移民众对国内党派斗争的关注，在加强出口管制的基础上通过立法等司法手段，并拉拢其盟友以"去风险"之名，推行"去中国化"政策，持续升级对我国尖端科技的打压力度。截至 2023 年底，美国政府已累计将上千家中国机构及个人列入出口管制"实体清单"，电子信息制造业仍旧是焦点领域。美国对我国的制裁领域正由贸易领域向多方面的"超贸易"领域扩展，制裁方式由单一部门制裁转向多部门联合制裁，制裁主体由单边逐渐走向多边。2023 年初，美国、日本、荷兰达成所谓共同对华出口管制的三方协定，7 月，日本宣布生效限制半导体设备出口的新规定，荷兰政府也宣布于 9 月起限制高端深紫外光刻机的出口。同年 9 月，美国商务部发布基于《芯片法案》的"护栏"规则，以"国家安全"的名义限制企业在我国扩建和新建产能。10 月，美国商务部工业与安全局

发布出口管制新规，进一步加强对先进计算半导体、半导体制造设备和超级计算物项的出口管制力度。

三、碳达峰碳中和目标加速产业绿色化转型

"绿色复苏"已成为当前全球发展共识，电子信息制造业将加快智能化绿色化转型，实现降碳减排，并以光伏、锂电等能源电子推进能源生产和消费革命，确保碳达峰碳中和目标实现。一是产业将加快发展智能制造、绿色工厂，实现精准控碳。加快绿色节能技术研发与转化，推动工艺、技术、装备升级，推广应用数字化工厂、工业物联网、智能机器人等智能制造模式，实现产业绿色低碳转型。加快"绿电"应用推广，以消费电子龙头企业实现供应链碳中和、建立绿色供应链体系为引导，逐步推进全产业链碳减排。二是太阳能光伏、锂离子电池等行业将保持增长，提升绿色能源体系建设质量。N 型光伏组件实现渗透替代，行业应用加快融合创新，产业规模继续稳步增长。锂电产品能量密度和产品安全性得到增强，家庭储能、商业储能、工业储能、交通运输储能和电网储能等应用场景日趋丰富。2023 年，我国锂离子电池总产量超过940GW·h，同比增长 25%，行业总产值超过 1.4 万亿元；光伏晶硅电池产量超过 545GW，同比增长 64.9%。同时，各行业碳减排、碳中和升级极大刺激光伏发电新增装机增长，2023 年我国光伏发电新增装机规模达 216.88GW·h，同比增长 148.1%。三是废弃电子产品回收利用将成为行业发展热点。现有光伏电站将进入组件大规模退役、废弃的高峰期，光伏组件回收再利用的市场前景良好。废弃手机、废弃个人计算机等消费电子产品的回收再利用方兴未艾。

行 业 篇

第三章

计算机行业

第一节 发展情况

一、产业规模

2023 年，我国微型计算机设备产量累计值达 33057 万台。2014—2023 年我国微型计算机设备产量如图 3-1 所示。

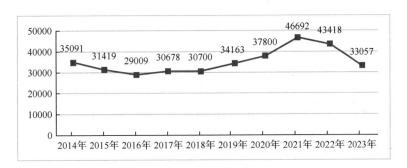

图 3-1 2014—2023 年我国微型计算机设备产量（万台）
（数据来源：工业和信息化部，赛迪智库整理）

二、产业结构

个人计算机（PC）方面，IDC 数据显示，整个 2023 年全球 PC 市场的总出货量达到 2.595 亿台，同比下滑 13.9%。在全年出货量排名中，联想依然稳居榜首，出货量达到 5900 万台，同比下滑 13.2%，市场份额为 22.7%。第二名是惠普，出货量为 5290 万台，同比下滑 4.3%，市场份额为 20.4%，其也是前五大品牌中出货量下滑幅度最小的品牌。第三名是戴尔，出货量为 4000 万台，同比下滑 19.6%，市场份额为 15.4%。第四名是苹果，其出货量下滑了 22.4%，是前五大品牌中下滑幅度最大的品牌。第五名是华硕。图 3-2 展示了 2023 年全球 PC 市场主要厂商的出货量占比（基于 IDC 数据）。

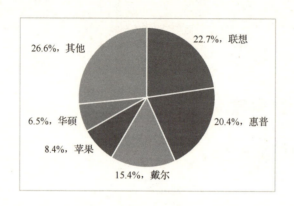

图 3-2　2023 年全球 PC 市场主要厂商的出货量占比
（数据来源：IDC，赛迪智库整理）

国内 PC 市场方面，市场调研巨头 Canalys 发布的数据显示，2023 年，国内 PC 市场出货量前五大品牌依次是联想、惠普、华为、戴尔和华硕。其中，联想占据了 38% 的市场份额，其出货量比上年减少了 19%。华硕的出货量同比下滑了整整 24%，成为下滑最严重的国产品牌。前五大品牌中，只有华为的出货量实现了增长，其以 10% 的市场份额位列第三，出货量逆势增长了 11%。图 3-3 展示了 2023 年国内 PC 市场主要厂商的出货量占比（基于 Canalys 数据）。

服务器方面。IDC 数据显示，2023 年全球服务器市场规模达到 1284.71 亿美元，较 2022 年有所增长。x86 服务器和非 x86 服务器的销售额分别约为 1109.55 亿美元和 149.84 亿美元，x86 服务器仍然是市场主流，但非 x86 服务器的增长速度更快。戴尔、浪潮信息、HPE、超微、联想、新华三、超聚变、IBM、思科和宁畅是 2023 年全球服务器市场的主要厂商。在 2023 年，戴尔的市场份额约为 11.1%，浪潮信息约为

9.1%，HPE 约为 7.1%，超微约为 5.9%，联想约为 4.2%，新华三约为 3.4%，超聚变、IBM、思科和宁畅的市场份额分别约为 2.5%、2.5%、2.3%和 2.1%。2023 年全球服务器市场份额如图 3-4 所示。

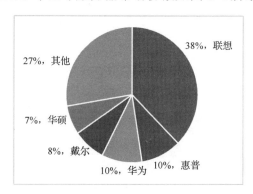

图 3-3　2023 年国内 PC 市场主要厂商的出货量占比
（数据来源：Canalys，赛迪智库整理）

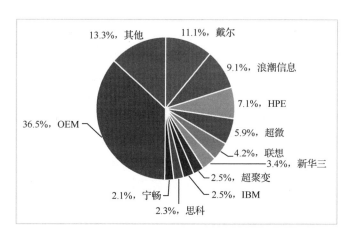

图 3-4　2023 年全球服务器市场份额
（数据来源：IDC，赛迪智库整理）

　　根据赛迪顾问发布的《2023—2024 年中国服务器市场研究年度报告》，2023 年中国服务器市场销售额达到 1764.3 亿元，同比增长 6.8%。根据 IDC 发布的《2023 年中国 x86 服务器市场报告》，2023 年中国 x86 服务器市场整体规模为 1853 亿元，市场出货量为 362 万台。在国内厂商市场份额方面（见图 3-5），浪潮信息收入 510.60 亿元，占比 27.5%；

新华三收入 293.75 亿元，占比 15.8%；超聚变收入 196.09 亿元，占比 10.6%；宁畅收入 182.83 亿元，占比 9.9%；中兴通讯收入 101.61 亿元，占比 5.5%；联想收入 95.45 亿元，占比 5.1%。

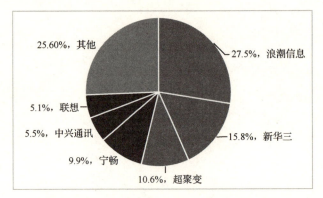

图 3-5 2023 年中国 x86 服务器市场份额

（数据来源：IDC，赛迪智库整理）

平板电脑方面。2023 年，中国平板电脑市场的总出货量达到了 2830 万台。虽然市场没有像 PC 领域那么动荡，但品牌间的竞争也相当激烈。该领域的主要厂商分别是苹果、华为、小米、荣耀和联想，其出货量占比分别为 32%、23%、12%、11% 和 8%。其中，苹果和小米的出货量降幅较大，苹果出货量比 2022 年降低 10%，小米出货量比 2022 年降低 14%。2015—2023 年中国平板电脑市场出货量如图 3-6 所示。2023 年中国平板电脑市场主要厂商出货量竞争格局如图 3-7 所示。

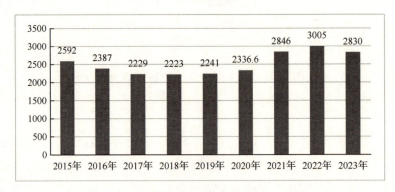

图 3-6 2015—2023 年中国平板电脑市场出货量（万台）

（数据来源：Canalys，赛迪智库整理）

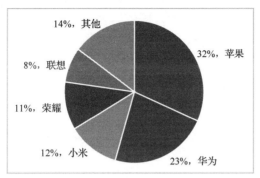

图 3-7　2023 年中国平板电脑市场主要厂商出货量竞争格局
（数据来源：Canalys，赛迪智库整理）

超级计算机方面。中国在超级计算机领域取得了很大的进展，已经形成了多个系列的超级计算机集群，其中包括天河、曙光、神威等。这些超级计算机在性能和技术方面已经达到世界先进水平。截至 2023 年底，中国已经形成了 14 个超级计算中心，其中天河一号、天河二号和神威·太湖之光曾经在全球超级计算机 TOP500 排行榜上占据过第一名的位置。这不仅是中国超级计算发展的重要里程碑，也显示了中国在超级计算领域的强大实力。2017—2023 年，全球超级计算机 TOP500 榜单上，来自中国大陆的超算系统数量呈现先上升后下降的趋势，这主要是由于 2020 年起中国大陆停止向 TOP500 组织提交最新超算系统信息，故此后数量和算力占比均有所下滑。2022 年 11 月，来自中国大陆的上榜超算系统数量为 162 台，占比 32.4%，位居世界第一。2023 年 6 月，中国大陆超算系统上榜数量从 162 台下降到 134 台，占比 26.8%，位居世界第二。

三、产业发展进展

计算硬件、软件、算法、架构等多维度技术创新正百花齐放、百家争鸣；x86、ARM、RISC-V 等计算体系正多路径发力；异构计算、存算一体等新型计算模式加速兴起；E 级超算、人工智能计算中心、一体化大数据中心等算力基础设施加快形成，算力体系向高速泛在、集约高效、智能敏捷的方向加速演进；液冷、余热利用、AI 能效管理等绿色计算技术为助力实现"双碳"目标添砖加瓦；量子计算、类脑计算等颠覆性计算技术成为创新突破的前沿新阵地。

第二节　发展特点

一、算力产业蓬勃发展，算力一体化体系加快建设

近年来，伴随着数字技术对我国国民经济的强力渗透，我国算力规模发展迅速。工业和信息化部统计数据显示，2018—2023 年，我国算力产业年平均增速近 30%。截至 2023 年底，我国在用数据中心机架总规模超过 810 万标准机架，算力总规模达到了 230EFLOPS（每秒 230 百亿亿次浮点运算），位居全球第二，其中全国智能算力规模达70EFLOPS，2023 年增速超过 70%。预计到 2025 年，算力规模将超过300EFLOPS，智能算力占比达到 35%。目前，我国已正式启动全国一体化算力网建设工作。2023 年 12 月，国家发展改革委、国家数据局等部门共同发布了《关于深入实施"东数西算"工程加快构建全国一体化算力网的实施意见》。该文件聚焦于五个"一体化"方向：通用计算能力、智能计算能力、超级计算能力的整合布局，东部、中部与西部计算能力的协同一体化，计算能力与数据、算法的融合应用，计算能力与绿色能源的紧密结合，以及计算能力发展与安全保护的同步推进。其目的是从战略高度加速构建综合性的计算能力基础设施体系和全国统一的计算能力网络，这对于促进数字中国的发展、实现中国特色的现代化具有深远的意义。

二、产业创新能力持续优化，行业赋能效益日益显现

算力产业创新能力持续增强。我国算力产业链已初具规模，算力基础设施、平台、服务、运营能力不断提升，产业生态持续优化。通用服务器、边缘服务器性能不断提升，国产品牌服务器竞争力持续增强，服务器、计算机、智能手机等计算类产品产量全球第一。从面部识别技术、智能语音播报系统，到自动驾驶车辆、工业数字孪生技术，众多显眼的智慧应用背后，隐藏着默默支持的智能计算力量。计算能力正不断为各

行各业注入动力，推动其稳步发展。观察应用领域，计算能力的应用正逐渐从网络领域扩展到制造、金融、交通等传统行业以及实体经济。从支撑力度来看，得益于强大的计算能力支持，生物医疗、天文学和地理学等科学技术领域涌现了大量研究成果，智能驾驶技术和影视特效制作水平显著提高，广大民众在日常生活中深切体验到了计算能力带来的变革。

三、产业政策支撑不断强化，产业生态培育效果明显

国家多部门联合出台了《算力基础设施高质量发展行动计划》等政策文件，旨在引导计算能力基础设施向高质量发展，增强高性能智能计算的能力供给，实施计算能力网络优化计划，迅速打造集云、边缘、端点协同，以及计算、存储、传输融合的统一、多层次的计算能力基础设施体系；强化对先进计算技术和计算网络融合等领域的研究，以及核心元器件和设备的研发攻坚，重点促进大型模型算法和框架等基础性、原创性技术的突破，提升产业基础的高级化程度；针对人工智能、大数据等新兴领域的需求，增强计算能力的支撑，不断为科技创新注入动力。同时，激励企业推出适应不同行业和企业需求的计算能力产品和解决方案，持续助力传统行业转型升级。从生态体系看，以云服务为核心的计算能力服务日益普及，涉及应用、软硬件产品和设施等方面的产业生态持续优化，为各行业的数字化转型提供了强有力的推动。

四、产业创新能力持续提升，国产自主化程度不断提高

算力产业的创新动力在不断增强，多项前沿技术实现重要突破，针对大规模模型训练和推理等需求的高性能计算芯片不断迭代和升级，多样化的异构计算技术快速推广，为人工智能、区块链、元宇宙等新兴应用的发展提供了坚实支撑。近年来，受国外芯片出口限制影响，国产算力的发展显得愈发紧迫和重要。2023 年，算力国产化的趋势越来越明显。在政策的支持下，国内的 AI 加速芯片制造商快速崛起。2023 年，国内的 AI 服务器就采用了大量本地研发的加速芯片，为国产算力的发展注入了强大的动力。整机供应能力持续处于领先地位，无论是通用型

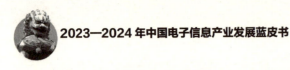

服务器还是边缘服务器的性能都在不断优化，国产服务器品牌的竞争力稳步上升。另外，我国算力供应链已经基本形成，主要参与者有华为、寒武纪以及诸多其他算力芯片公司，如燧原科技、沐曦、壁仞科技、天数智芯等。

五、AI 大模型持续火爆，智能算力市场正在崛起

随着 AI 技术的飞速进步，2023 年已经成为 AI 大模型历史性扩张的元年。自美国人工智能研究实验室启动相关项目以来，大模型受到了全球各地的广泛关注。根据中国新一代人工智能发展战略研究院公布的数据，截至 2023 年底，中国已有超过 2200 家 AI 相关公司投入研发，国内大模型总量多达 238 个。以 GPT 为代表的人工智能大模型的训练和推理需要强大的算力支撑，再加上生成式 AI 正在以始料未及的速度渗透并深刻改变办公、教育、法律、游戏、电商等各个产业环节，生成式 AI 大模型为我国 AI 算力市场的增长提供了强劲动力。随着数字化转型的推进，智能计算中心作为新型基础设施进入建设快速发展期。目前，我国有 30 多个城市正在建设或者规划建设智能计算中心，预计 2023—2027 年我国智能算力规模的年复合增长率将达 52.3%。

第四章

通信设备行业

第一节　发展情况

一、产业规模

通信设备行业固定资产投资基本稳固，保持正增长态势。通信设备行业的固定资产投资是行业发展的基础，根据2023年通信业统计公报，我国通信设备行业的固定资产投资继续保持增长态势。得益于国家对通信基础设施建设的重视和投入、行业对新技术新产品的持续投入和研发，2023年三家基础电信企业与中国铁塔合计完成固定资产投资4205亿元。5G商用四年来，通信业投资连续五年保持正增长，连续四年年投资规模均超4000亿元，其中5G累计投资超过7300亿元，为行业的稳定发展提供了有力保障。

移动电话用户规模稳步扩大。移动电话用户作为通信设备行业的重要服务对象，是推动行业发展的底层支撑，根据通信业统计公报，2023年我国移动电话用户规模继续稳步增长，用户总数超过17.2亿户，普及率为122.5部/百人，比上年末提高3.3部/百人。受益于5G新基建的大规模普及带动个人消费者换机发展、移动互联网应用的丰富和多样化，2023年全国5G移动电话用户数超过8亿户，占比比上年末提高13.3个百分点。

"双千兆"网络部署稳步推进。2023年我国千兆光网快速规模部署，截至2023年底，具备千兆网络服务能力的10G PON端口数达2302万个，比上年末净增 779.2 万个，千兆光网有力支撑千行百业部署企业/工厂网络、智慧教育等民生工程，以及超高清视频、元宇宙等新应用探索落地。我国适度超前建设 5G 基础设施，截至 2023 年底，我国累计建成 5G 基站 337.7 万个，保持全球领先水平。

二、产业结构

我国交换机市场规模持续增长，受益于数据中心建设持续提速以及云计算、大数据等技术的广泛应用，根据 IDC 网络市场相关数据，2023 年我国交换机市场规模同比增长 0.7%，受益于云计算和大数据需求的增长，数据中心交换机市场规模同比增长 2.2%。400G 端口出货量将继续增长，51.2T 交换机芯片成熟商用也将助推 400G 技术应用。新华三在 2023 NAVIGATE 领航者峰会上全球首发 51.2T 800G CPO 硅光数据中心交换机，单芯片带宽高达 51.2Tbps，并融合 CPO 硅光、液冷散热等技术，以满足智算网络高吞吐、低时延、绿色节能需求。

受益于通信网络基础设施建设升级、数字化转型等需求，路由器市场规模进一步扩大。据中商产业研究院数据，2023 年我国路由器市场规模超过 300 亿元，同比增长 7.2%。当前 400GE 路由器成为承载网路由解决方案主流，支持 400GE 接口的 IP 路由器已经成为新一代承载网的关键特征。据 2023 中国光网络研讨会信息，中国移动已经确定 400G 技术的可用性，并将启动 400G 产品集采，推动 400G 进入商用阶段。

我国 WLAN 市场规模出现负增长。据 IDC 相关数据，2023 年中国 WLAN 市场规模相比上年下降了 13.7%。2022 年起，随着零部件供应链逐步恢复，前期新冠疫情所造成的积压订单逐步启动部署，WLAN 市场进入快速发展期，进入 2023 年第三季度，WLAN 市场开始表现出下滑态势，积压倾销之后的消化周期逐步显现。

智能手机市场经历长期低迷后开始触底回暖。2023 年第四季度全球智能手机出货量同比增长 8.5%，实现正增长，其中，5G 手机出货量为 7.16 亿部，同比增长 2.3%，占智能手机出货量的 61%。国内智能手机市场方面，受华为手机回归，以及小米、OPPO、vivo 等品牌新机频发影响，市场大幅回暖，第四季度智能手机出货量为 8487 万部，创近两年来最高水平，同比增长 16.5%。据相关统计数据，2023 年我国 5G

智能手机出货量达 2.39 亿部，同比增长 11.7%，占智能手机出货量的 86.6%，增速和渗透率均高于全球。随着手机厂商持续聚焦高端化转型，AI 手机成为智能终端设备领域的新亮点，2023 年底以来，vivo S18 手机、三星 Galaxy S24 等 AI 手机新品频发。

三、产业创新

我国移动互联网流量保持较快增长态势，月户均流量持续提升。2023 年，移动互联网接入流量达 3015 亿 GB，比上年增长 15.2%。截至 2023 年底，移动互联网用户达 15.17 亿户，全年净增 6316 万户。全年移动互联网月户均流量达 16.85GB/（户·月），比上年增长 10.9%，消费者继续保持网上购物、线上会议等移动互联网应用习惯。

通信行业新兴业务收入保持较高增速，数字化转型基础持续夯实。在全国一体化大数据中心、东数西算、智能制造、碳达峰行动等顶层设计指导下，大数据、云计算、数据中心、物联网等新兴业务快速发展，2023 年业务收入超过 3500 亿元，同比增长 19.1%，在电信业务收入中的占比由上年的 19.4%提升至 21.2%。其中，云计算和大数据业务收入比上年均增长 37.5%，物联网业务收入比上年增长 20.3%。以新兴业务支撑加快各行业数字化、智能化转型的趋势不断显现，尤其以云计算和大数据业务收入增势最为突出，服务成效凸显。

通信行业持续加大科研研发力度，新一代信息技术应用加快通信设备行业提档升级。2023 年行业研发经费同比增长 9.8%，高出收入增速 3.6 个百分点。工业和信息化部办公厅《关于开展 2024 年度 5G 轻量化（RedCap）贯通行动的通知》提出打通 5G RedCap 标准、网络、芯片、模组、终端、应用等关键环节，加快推动 5G 终端和面向行业的创新发展，助推 5G 轻量化技术实现商用部署。消费类手机直连卫星服务实现商用，实现卫星双向语音通话和短信收发通信服务。AI 大模型快速发展，推动云网智融合发展，面向网络规划、建设、维护、优化等全过程提升网络智能化水平，降低网络故障率、节约基站能耗、优化信号覆盖。三大电信运营商积极构建通专结合大模型体系，通用大模型达千亿级参数级别，行业大模型可面向政务、应急、文旅等多个领域。

第二节　发展特点

一、网络新基建部署持续优化，双千兆网络和共建共享加速推进

2023 年，我国以 5G、千兆光网等为重点的网络基础设施部署取得了显著成效，为经济社会高质量发展提供了有力支撑。2023 年，我国新建光缆线路长度达 473.8 万千米，全国光缆线路总长度达 6432 万千米。其中，长途光缆线路、本地网中继光缆线路和接入网光缆线路长度分别达 114 万、2310 万和 4008 万千米。截至 2023 年底，具备千兆网络服务能力的 10G PON 端口数达 2302 万个，累计建成 5G 基站 337.7 万个，企业共同投资和协调建设加速推动 5G 网络的快速覆盖和优化布局。其中，中国移动与中国广电以多频协同、集约高效的方式共建共享扩大 5G 覆盖；中国电信与中国联通持续完善 5G 覆盖深度，截至 2023 年上半年，中国电信的 5G 基站数量超过 115 万个。双千兆网络建设成效显著，为全连接工厂、智慧交通、智慧医疗、智慧教育等民生工程，以及虚拟现实+超高清视频、全息通信、元宇宙等新应用，探索落地提供基础支撑和融合赋能作用。

二、行业融合应用不断深化拓展，定制化、个性化需求显著

2023 年，我国通信设备领域技术创新和产业发展不断取得突破，5G 定制化基站、5G 轻量化技术商用部署，同时数据中心、云计算等新兴业务快速发展，2023 年共完成业务收入 3564 亿元，同比增长超 19%。基于通信设备领域技术创新和新业务拓展，网络建设和融合应用创新不断深化。我国 5G 行业虚拟专网建设也持续保持高速增长，截至 2023 年底，我国 5G 行业虚拟专网数量超过 3 万个，为行业转型发展提供强力支撑。"5G+"融合应用规模化复制不断推进，5G 应用已覆盖 76 个行业大类，占比近七成，在采矿、电力、港口等行业实现规模复制。

第五章

消费电子行业

第一节　发展情况

一、产业规模

2023 年，我国彩电的销量和销售额仍处于下滑通道，但在海外市场保持增长态势。根据奥维云网数据，2023 年我国彩电市场销量为 3142 万台，同比下降 13.62%；销售额为 1098 亿元，同比下降 2.3%。产量方面，根据国家统计局数据，2023 年我国彩电产量为 1.93 亿台，同比下降 1.3%。出口方面，根据海关总署数据，2023 年我国彩电出口量为 9963.1 万台，同比增长 7.5%；出口额为 139.7 亿美元，同比增长 9.9%。其中，液晶电视累计出口量为 9887 万台，同比增长 7.5%。彩电出口量前三的市场分别为墨西哥、美国、日本。

2023 年，我国智能音箱市场销量连续三年下降。根据洛图科技数据，2023 年我国智能音箱市场销量为 2111 万台，同比下降 48%；销售额为 59.4 亿元，同比下降 21%。市场格局方面，百度、小米、天猫精灵自 2018 年以来形成寡头垄断局势，总市场份额高达 94%，在售品牌数量持续减少到 20 个，前四大品牌为百度、小米、天猫精灵、华为，市场份额分别是 38%、34%、22%、2%。产品方面，带屏智能音箱销量下滑，2023 年带屏智能音箱的市场渗透率为 20.6%，同比下降 1.7 个百分点，6 英寸以下、7 英寸、8 英寸、10 英寸及以上屏幕产品在带屏智能音箱销量中的占比分别为 15.5%、27.3%、38.8%、18.4%。

2023 年，我国可穿戴设备市场出货量小幅增长。根据 Canalys 数据，2023 年全球可穿戴腕带设备市场出货量达到 1.85 亿台，同比增长 1.4%。全球可穿戴腕带设备销量前五的品牌依次是苹果、小米、华为、Fire Boltt（印度品牌）、Noise（印度品牌），市场份额分别是 19%、11%、9%、7%、6%，全球出货量分别同比增长 -14%、21%、13%、79%、40%。根据国家统计局数据，2023 年我国智能手表产量约为 7030.6 万台，同比下降 5.9%。

二、产业创新

2023 年，我国电视产品向大尺寸、高刷新率、高亮度方向不断演进，Mini LED 彩电产品的普及速度加快。尺寸方面，75 英寸及以上大尺寸产品的销量和销售额实现双增长，75 英寸彩电产品的零售量渗透率为 19.9%，同比增长 6.4 个百分点，55 英寸、65 英寸、75 英寸彩电产品的市场份额分别为 19.6%、22.2%、19.9%。刷新率方面，120Hz 以上彩电产品的零售量渗透率为 31.9%，同比增长 16.4 个百分点。OLED、激光及 8K 显示技术已经进入平稳发展阶段，Mini LED 显示技术进入高速普及阶段。Mini LED 彩电产品逆势增长，三星、TCL、海信、创维、华为、小米、雷鸟等品牌都推出了 Mini LED 电视。根据奥维云网数据，2023 年我国 Mini LED 彩电产品的零售量渗透率为 2.9%，同比增长 1.8 个百分点，零售额渗透率为 9.8%，较上年增长 5.4 个百分点。

2023 年，我国可穿戴产品向场景创新、智能化、网络化、高性价比等方向不断演进。华为推出系列智能手表，具有支持双向北斗卫星消息、支持一键微体检、搭载全新活力三环和减脂塑形等功能。一加推出的智能手表，可实现 100 小时的超长续航和实时监测用户的心率、血氧等健康数据。小米推出的智能手表，具备心率监测、血氧饱和度和压力水平监测等功能。

2023 年，人工智能技术加速赋能垂直领域消费电子智能终端产品创新。智能感知产品方面，传音、小米等推出的智能机器人产品通过搭载人工智能系统均可实现与人的智能交互，实现语音识别、人脸识别、图像识别等功能。科大讯飞推出了智能录音笔和有声书，展现了人工智能语音技术与识别、转录等功能的结合。智能汽车产品方面，小米发布了首款电动车 SU7，完成"人车家全生态"的最后一环。中兴推出了车载智能辅助驾驶解决方案，通过 100TOPS（每秒万亿次）的人工智能算力处理，实现智能识别和提前预警，赋能辅助驾驶和智慧交通。

三、存在的问题

消费电子行业面临市场饱和、消费者换机周期加长、消费需求疲软等问题。手机、计算机、电视、智能手表等消费电子产品使用寿命延长，产品功能日趋完善。同类消费电子产品的形态、功能等差异越来越小，同质化严重。据报道，国内消费者的手机换机周期已经延长到 28～30 个月，电视的换机周期超过 5 年。消费者购买非必要消费电子产品的意愿下降，消费电子产品各品类出货量都出现了不同程度的下滑。

消费电子产品全球高端化进程仍任重道远。尽管我国彩电品牌在全球出货量前十品牌中占据一半席位，但在高利润率的高端彩电领域仍与三星具有较大差距。根据 Omdia 数据，三星自 2006 年起连续 18 年位列全球电视市场占有率第一名。2023 年三星的电视产品营收占全球市场的 30.1%。在定价 2500 美元（约 17996 元）以上的高端市场中，三星占据了全球销售额的 60.5%；在 75 英寸及以上的电视市场中，三星占据了 33.9%的市场份额；在 90 英寸及以上的电视市场，三星占据了 30.4%的市场份额。

智能电视在交互便捷性上存在缺失，操作难度较大。目前，智能电视从开机到节目选择需要 5～6 步的操作流程，且操作按键烦琐，操作方式单一，手势操作、语音操作等操作方式尚不普及，而老年人因视力和听力等功能退化，存在看不清和听不清的操作障碍，虽然部分电视机进行了一定的适老化改造，但大多仍处于字体放大等初级阶段，且改造目标多以增加盈利为导向，适老化专区缺少高频事项及服务场景事项梳理，适老化交互体验烦琐，缺乏方言语言识别等精准服务。目前，智能电视操作界面存在广告和诱导类链接多，在操作过程中存在较大误触概率，且误触后自动下载、自动订阅等侵权现象频发，更有不法分子利用智能电视链接进行电信诈骗、金融诈骗活动，严重威胁消费者生命财产安全。

第二节　发展建议

一、多措并举提振消费信心，加快推动消费电子产品更新换代

深入贯彻落实《推动大规模设备更新和消费品以旧换新行动方案》文件精神，推动人工智能手机、折叠屏手机、人工智能计算机、8K 电视、虚拟显示设备、智能手表、智能手环、智能家居、家用音响等消费电子产品的以旧换新。积极扩大和引领新型智能型消费电子产品消费，鼓励有条件的行业组织和行业协会搭建新技术、新理念、新产品、新体验的消费平台，提升消费者对高品质视听产品的认知和认可。

二、引导企业抢抓人工智能发展机遇多开展原始创新，为发展新质生产力蓄势赋能

面向消费电子领域智能化、智联化、个性体验化、形态多元化等特征，积极开展前瞻布局，推动视音频、虚拟现实、智能家居等产业独辟蹊径开展复合式创新。鼓励训练前沿垂直领域大模型，打通人工智能技术与细分消费电子领域产品壁垒，打造一批融合应用示范场景。联合产学研力量，研发解决核心芯片、传感器、系统软件等共性技术难点和瓶颈问题，推进重大科技成果和核心技术产业化，提升人工智能终端等新型产品服务供给能力。

三、提升国产消费电子高端品牌影响力，打造本土具有国际影响力的全球消费电子展

支持企业在消费电子相关国际组织、行业峰会、国际展会中发挥更大影响力，提升"中国智造"的高端消费电子品牌知名度。引导国内企业在海外市场开拓中加强合作和沟通，避免恶性竞争。对标国际消费电子产品展览会、世界移动通信大会等国际知名展会，办好深圳 CITE 展、上海中国家电及消费电子博览会等国内展会，吸引全球厂商和专业人士参与，提高我国消费电子展会影响力。

第六章

新型显示行业

第一节　发展情况

一、产业规模

2023 年，在全球政治经济不确定性攀升、整机"宅经济"市场透支恢复乏力、物流渠道积压存货去化速度不及预期三重压力下，全球新型显示产业自 2022 年触底后复苏进程相对缓慢，出货片数大幅下滑。依靠面板企业主动控产和整机端企业推动产品结构升级的努力，面板价格小幅回升，出货面积保持平稳，但整体市场营收仍有较大降幅。根据中国光学光电子行业协会液晶分会数据，2023 年全球新型显示产业营收超 1800 亿美元，同比下降超 10%，出货面积约 2.4 亿平方米，同比持平。我国新型显示产业面对复杂多变的市场形势，表现出坚强韧性。2023 年，我国大陆地区新型显示产业全产业链规模约 5700 亿元，其中显示面板产值约 3750 亿元，同比微增 2%，优于全球平均水平。

从进出口规模看，2023 年，我国液晶平板显示模组累计进口金额为 119.3 亿美元，同比下降 21%，进口数量为 13.4 亿块，同比下降 11.8%；累计出口金额为 266.3 亿美元，同比下降 2%，出口数量为 16.9 亿块，同比增长 2.9%；贸易顺差扩大至 147.0 亿美元，同比增长 21.8%。OLED 平板显示模组累计进口金额为 248.9 亿美元，同比增长 1.8%，进口数量为 4.4 亿块，同比下降 13.4%；累计出口金额为 115.7 亿美元，同比增长 19.5%，出口数量为 2.8 亿块，同比增长 17.2%。伴随产能规模的扩大，我国液晶面板国际竞争力持续提升，已连续五年实现贸易顺差，成功抵御行业下行周期，维持稳定出口。同时，OLED 手机面板市场渗透率进一步提升，我国 OLED 面板市占率及下游应用普及率快速提高，相关产品进出口均实现逆势增长，贸易逆差持续缩小。

二、产业结构

从技术结构看，TFT-LCD 和 AMOLED 仍然是新型显示产业的两大主流技术。TFT-LCD 在大尺寸面板领域仍占据绝对主流地位，尤其是 2023 年在下游整机市场持续低迷的情况下，Mini LED 背光电视销量逆势成倍增长，75 英寸以上大尺寸电视需求提升，带动 TFT-LCD 大尺寸面板市占比回升，全年出货面积为 2.3 亿平方米，较上年微增。AMOLED 在智能手机面板领域的市场渗透率近年快速提升，柔性工艺技术快速改进，折叠屏普及率大幅提升，但在电视、IT 产品等大尺寸和中尺寸面板领域仍未能形成足够势能，全年出货面积为 1340 万平方米，同比下降 4.3%。LED 显示度过疫情低谷，迎来户外会展市场全面回暖，XR 虚拟拍摄、裸眼 3D 等新兴应用快速增长，2023 年 5 月以来下游产品价格小幅调增，提升企业盈利能力，全年行业产值约 87 亿美元，同比增长接近 10%。激光显示凭借尺寸灵活、色彩丰富的优势，在超大景观显示和对收纳空间较敏感的室内显示领域长期保持独特市场空间，2023 年在激光电视市场稳步发展的同时，大型景观激光显示需求在疫情后文旅行业回暖的带动下迎来大幅回升，激光工程投影市场同比增长超 20%。电子纸显示近年主要应用于零售价签、会议桌签等细分应用场景，受全球线下零售消费疲软拖累，电子纸显示产业结束了过去几年快速扩张的势头，2023 年总计出货量约 3.1 亿片，同比增长 6%。

从产品结构看，在下游整机市场持续承压的不利条件下，显示面板企业在各应用领域不断推进结构优化调整，获得喜人成绩。智能手机面板领域，我国企业凭借庞大产能优势持续推动中小尺寸 TFT-LCD 面板价格走低，提升渠道供应商备货积极性。根据 Sigmaintell 数据，2023 年全球智能手机面板出货约 21.1 亿片，同比增长 18.1%，其中柔性 AMOLED 面板出货约 5.3 亿片，同比增长 33.3%。我国企业进入 AMOLED 面板产能集中释放期，全年出货 AMOLED 智能手机面板 2.9

亿片，同比增长 71.7%，全球市占比跃升至 40% 以上。电视面板领域，相关企业在总出货量走低的背景下，积极推动大尺寸高端电视面板出货，提高产品利润，推动产能去化。根据 AVC Revo 数据，2023 年全球电视面板出货约 2.4 亿片，同比下降 12.3%，但出货面积达 1.7 亿平方米，同比增长 0.8%，平均出货尺寸增长 3 英寸，达到 51 英寸。计算机面板领域，2023 年全球桌面显示器面板出货约 1.5 亿片，同比下降 7.2%；笔记本电脑面板出货约 1.9 亿片，同比下降 13%；平板电脑面板出货约 2.4 亿片，同比下降 7%。个人计算机市场在疫情"宅经济"期间透支最为严重，需求修复过程仍在持续。

三、产业创新

在下游终端市场持续疲软，产业竞争进一步激烈的环境中，新型显示企业更加重视技术创新带来的差异化和高端化优势，持续加大技术研发力度，"小步快跑"推进渐进式工艺创新，提升产品竞争力。TFT-LCD领域，Mini LED 背光、氧化物背板等不断优化，助推已经相对成熟的液晶显示向超高分辨率、超快刷新率进一步升级发展。AMOLED 领域，LTPO 背板在中小尺寸面板市场已基本普及，柔性、透明显示产品产量和种类均不断增多，性能指标快速提高，无偏光片、屏下集成、磷光材料等技术仍在持续推进。光场显示、裸眼 3D 等未来显示技术成为近期行业关注热点，2024 年 SID 国际显示周上，京东方展示 32 英寸光场显示器，单眼分辨率达到 4K 视网膜级别；群创光电发布数字实景水族箱，使用空间投影技术在液体中间位置成像；三星推出 16 英寸裸眼 3D 笔记本电脑显示器，能让用户左右眼看到不同影像。过去几年持续受到业界关注的 Micro LED 技术仍在持续推进，芯片微缩、巨量转移、表面贴装、色彩修复等各环节技术不断优化改进，但尚未能形成产业化应用。2024 年 2 月，苹果暂停 Micro LED 智能手表产品开发项目，也引发产业对未来发展方向的重新审视。

第二节 发展特点

一、产业发展进入新一轮方向选择期

过去几年，全球 TFT-LCD 和中小尺寸 AMOLED 面板生产线建设布局基本完成，设计产能已基本满足当前成熟市场需求。全球技术创新在后疫情时代加速演进，产业面对新一轮转型升级发展窗口期的开启，迎来多种技术路线选择挑战。随着折叠屏手机的普及和 AMOLED 笔记本电脑热度提升，8 代 AMOLED 面板近期成为产业投资热点，但受金属掩膜版物理极限限制，大中尺寸 AMOLED 面板生产线无法直接照搬 6 代生产线技术，各主要面板企业经过多年技术积累，选择各自不同技术路线尝试大中尺寸 AMOLED 面板制造。LG 是最早实现大中尺寸 OLED 面板出货的企业，采用 WOLED 路线，回避了蓝光材料寿命较短的问题，但牺牲了 OLED 技术的一部分色彩优势，器件成本和厚度也有所上升，出货多年始终未能突破高端小众市场局限。三星自 2021 年实现 QD-OLED 面板量产，近期又开工建设蒸镀 AMOLED 8 代生产线，凭借在小尺寸 AMOLED 面板上的先发优势和雄厚的资本力量，不断尝试调整技术路线。我国骨干企业近期也陆续开启中世代 AMOLED 生产线投资，分别采用蒸镀、无掩膜光刻、印刷显示等多条技术路线，通过差异化探索在新一轮产业扩张中争取有利地位。

二、新兴应用领域持续拓展蓝海市场空间

在传统整机市场持续承压状态下，新兴应用领域延续 2022 年走势，成为引领行业穿越下行周期的重要力量。车载显示在新能源汽车行业带动下，应用空间不断扩展，智能座舱一体式显示屏、增强现实抬头显示器、透明触控显示器等产品快速"上车"，实现出货数量和营收规模的快速增长。根据 Sigmaintell 数据，2023 年全球车载显示面板前装市场出货约 2.1 亿片，同比增长达 7%。我国是全球新能源汽车蓬勃发展的重要引领力量，在车载显示领域的成绩也十分亮眼，国内面板企业在车载显示市场的份额提升至 44%，其中京东方、天马稳居全球出货量前两

位。微显示应用近年加速成熟，2023 年 6 月苹果正式发布首款 AR 头显产品 Apple Vision Pro，带动新一轮 VR/AR/MR 产品发布、升级。2024 年国际消费类电子产品展览会（CES）上，全球超 300 家 XR 企业参展，其中，硅基 OLED 面板受到普遍重视，在各类头显产品中应用占比超 90%，产业技术、生态不断改进完善。

三、传统"三国四地"格局正逐渐向中韩"两强"演变

日本显示产业在本轮市场下行压力中进一步衰退，2023 年 3 月，JOLED 宣布申请破产保护，其石川工厂于 2023 年 12 月被上游厂商 Toppan 公司收购。2024 年 5 月，"液晶之父"夏普也宣布将于 9 月前关闭大阪堺市 10 代生产线，转型为人工智能数据中心。韩国企业全面退出 TFT-LCD 领域后，持续加码巩固自身在 AMOLED 领域的技术储备优势。三星在 2022 年关闭最后一条 TFT-LCD 生产线后，一方面持续升级 QD-OLED 生产工艺，于 2024 年 CES 上发布第三代 QD-OLED 面板，峰值亮度提升至 3000nits，寿命比过去增加两倍；另一方面着手建设蒸镀 OLED 中世代生产线，于 2024 年 3 月开工，并将峨山中部原 L8 TFT-LCD 生产线改造为面向计算机设备面板的 8.6 代 AMOLED A6 生产线，预计于 2026 年投产。LG 显示于 2023 年上半年关闭韩国境内最后一条 7 代 TFT-LCD 生产线，又在 2024 年初启动出售广州 8.5 代 TFT-LCD 生产线，同时不断加强大尺寸 OLED 技术工艺改进，使用 MLA（微透镜阵列）技术改进 WOLED 路线光损失偏高的问题，提升面板亮度，并不断推出透明 OLED 面板新品。我国台湾地区两家主要 TFT-LCD 面板生产企业群创光电和友达光电受益于欧美客户供应链多元化战略，2023 年出货保持平稳。我国大陆地区已连续多年保持全球最大显示面板生产基地地位，产能和产值占比稳步提升，技术水平也不断增强。

四、标准与知识产权重要地位日趋凸显

受疫情国际交流减少和"逆全球化"思潮抬头影响，全球科技产业传统分工合作模式逐渐向区域竞合模式转变，标准和知识产权越来越频繁地成为国际科技竞争和贸易保护主义的打击工具。2022 年 12 月，三

星向美国国际贸易委员会（USITC）提出 337 立案调查申请，称京东方等企业对美出口、在美销售"特定用于移动设备的有源矩阵有机发光二极管显示（OLED）面板和模块及其组件"侵犯了其知识产权，USITC 于 2023 年 1 月正式启动调查。同时，伴随产业新一轮兼并重组，日韩企业部分基础专利可能加速流向"非执行实体"（NPE），我国新型显示产业处于后发地位，近年技术创新实力和专利布局水平显著增强，但也引起 NPE 的重点关注，可能成为相关企业下一步诉讼重点。随着我国新型显示产业国际竞争力的不断增强，与外国企业及相关实体在标准和专利领域的竞争将愈加激烈，并可能长期持续。

第七章

电子元器件行业

电子元器件是支撑电子信息制造业发展的基石，是电子信息系统和控制系统的基础，也是保障产业链供应链安全稳定的关键。电子元器件行业是发展信息技术、改造传统产业、提高现代化装备水平、促进科技进步的基石，对我国实现新型工业化具有重要意义。电子元器件广泛应用于航空航天、能源交通、汽车电子、5G 通信、军事装备等领域，其产品质量、工艺水平直接决定了电子系统和整机产品的性能。为此，我国政府及相关部门制定了一系列政策大力促进电子元器件行业的发展，有效驱动电子元器件行业向技术升级方向发展，助力打造以新一代电子信息技术为基础的全新产业结构。

第一节 发展情况

一、整体情况

（一）电子元器件行业是支撑电子信息产业发展的核心力量

近年来，随着我国消费电子、汽车电子、工业电子等多行业高速发展以及新能源汽车、物联网等新兴领域兴起，我国电子元器件行业已逐渐成为整个电子信息产业的基础。电子元器件产品需求不断增加，带动产业迅速崛起。随着国内电子信息行业转型升级，其对电子元器件的要求也不断提高，我国电子元器件产品逐渐从以低成本为优势向成本、质量、品牌并重的高档产品转型。借助战略性新兴产业的迅猛发展，电子元器件行业加快为新兴产业配套的高端产品的研发和产业化速度，提升关键元器件及材料的质量和档次，争取在关键领域实现部分甚至全面的本地化替代。

（二）电子元器件下游行业需求呈现分化走势

电子元器件行业下游应用领域广泛，包括通信设备、消费电子、汽车电子、智能家居、工业控制、军事安防等多个领域。受地缘政治危机、全球通胀带来的消费能力减弱等复杂因素影响，2023 年以来，我国电子元器件下游行业需求呈现分化走势。一方面，以手机、个人计算机与可穿戴设备为代表的消费电子应用需求转为疲软，自 2021 年高点回落对全行业市场产生巨大负面冲击，尤其是作为全球最大的电子产品消费国的中国市场降幅更为明显。另一方面，低碳化、数字化和智能化成为需求增长的持续推动力。通信设备和数据中心需求依旧庞大，数字化转型及人工智能技术发展带动下的工业及物联网应用需求稳定增长，同时新能源汽车市场的发展可以抵消部分消费端市场的下滑，并为长期需求增长提供支撑。

（三）我国电子元器件企业面临严峻的外部环境

作为全球化程度较高的产业之一，我国电子元器件产业发展持续受到国际复杂政治经济环境影响。一方面，发达国家对中国半导体产业的技术封锁措施不断升级，中国企业持续面临部分关键材料、配件及设备的供应风险，海外人才引进和高端技术突破难度增加。例如，美国对中国半导体领域出口的限制政策持续升级，限制产品由芯片逐步延伸至上游的 EDA 工具和半导体设备等，并由"物项"管制扩大到"人项"管制，被纳入"实体清单"和"未经核实名单"（UVL）的企业亦持续增加。另一方面，近年来世界各国围绕半导体领域的竞争不断加剧，各国政府也相继推出有力的扶持政策，吸引企业在本国新设或扩建半导体制造基地。例如，韩国政府在 2023 年度预算案中提出将斥资 1 万亿韩元助推半导体产业发展，并斥资 3.2 万亿韩元加强全球供应链问题应对能力；日本政府宣布为一家新成立的半导体企业 Rapidus3 投资 700 亿日元，支持其与 IBM 合作开发 2 纳米芯片项目，目标是从 2027 年开始在日本国内生产下一代半导体；欧盟委员会正式公布《欧洲芯片法案》，计划投入 430 亿欧元应对未来供应链中断；印度政府提出了 300 亿美元的投资计划，并出台 100 亿美元针对半导体和显示面板制造的激励计划，以吸引全球半导体和显示器制造商到印度建厂。

（四）我国电子元器件国产化替代正当时

我国电子元器件行业关键材料和技术攻关被纳入国家"十四五"发展规划，有望获得持续的政策及资金支持。但当前中美关系未出现明显改善，各国加大对半导体扶持力度并加强技术出口限制，未来我国电子制造企业仍面临严峻的外部环境。在全球贸易不确定性加强的背景下，供应链自主可控成为重要趋势，电子元器件国产化替代势在必行。

二、存在的问题

目前，我国正处于由电子工业大国向电子工业强国的转型过程中，在部分关键环节和领域已实现全球领先的技术和产品布局，但就整体而言，我国电子元器件产品附加值仍不高，自产自用产品或出口产品仍以中低端为主，大多数中高端技术被国外厂商垄断，核心 IC、基础电子材料、设备等仍存在进口依赖，与国际先进水平存在差距，产品研发、技术升级投入及产出效益有待提升。

（一）产业规模大而不强

我国电子元器件产业长期存在规模大而不强、龙头企业匮乏、创新能力不足等问题。由于西方国家对我国的技术封锁，关键技术"卡脖子"风险依然存在，严重影响产业链供应链安全，制约产业高质量发展。我国在印制电路板、半导体分立器件等部分中低端产品领域已达到国际先进水平，但在高速连接器、光电子器件、射频滤波器等高端电子元器件领域仍与国际先进水平存在较大差距，难以有效满足下游终端市场需求。以在电子信息产业中用量最大的 MLCC（多层片式陶瓷电容器）为例，日韩系厂商全球市场占有率接近 80%，而中国大陆的 MLCC 企业全球市场占有率不足 4%。

（二）新材料研发周期长，创新能力不足

我国电子元器件行业快速发展，但其产品技术水平、核心参数与国际先进厂商相比仍有一定差距。电子元器件中的新材料从概念走向规模化应用需要专业人员长期从事研发和生产工作，其研发周期较长，成本较高。新材料"开发—小试—客户送样测试—中试—产业化—量产"环节通常需要 10 年以上时间，较长的研发和生产周期导致新材料企业难以快速盈利。此外，较长的产业化周期导致较高的新材料投资成本和风险，这将影响新材料企业和外部投资者的投资意愿。智能终端、5G、工业互联网和数据中心，新能源和智能网联汽车，工业自动化设备和高端装备制造，是未来要瞄准的几个重要市场。

第二节 发展特点

一、微型化、小型化是显著趋势

基础电子元器件由于涉及的材料品种较多、工艺各异而难以集成，多以分立器件的形式使用，这使电子元器件在电路中的比例越来越大，也成为制约电子系统进一步向小型化、高性能发展的主要瓶颈。为克服这些限制，相关国家正致力于发展电子元件的微型化、片式化、薄膜化和集成化等战略性的关键技术。新一代的电子元器件将追求更高的频率、更小的尺寸、更低的功耗、更快的响应速度、更高的分辨率和精度、更大的输出功率、更多的功能，并将产品组件化、复合化、模块化、智能化。

二、绿色与环保是主要关注点

绿色环保已经成为全球电子信息产业的重要发展趋势。在电子元器件产品及相关材料生产过程中，众多国家立法禁止使用有毒有害物质。电子元器件产品的绿色安全环保开发决定了产品的市场份额和发展前景。一方面，电子元器件厂商在产品研发和生产过程中更加注重环保要求，采用环保材料和无铅焊接工艺生产电子元器件产品，降低对环境的

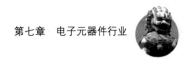

影响。同时，加强废弃物回收和再利用工作，提高资源利用效率。另一方面，电子元器件行业也在积极参与国际环保合作和标准制定工作。例如，加入国际电子产品环境评估组织等国际组织，参与制定和推广环保标准和认证体系，推动全球电子信息产业的绿色可持续发展。

领域篇

第八章

智能手机

第一节　发展情况

一、产业规模

2023 年，中国智能手机市场与全球市场均呈现出货量下降趋势。根据 IDC 发布的报告，2023 年全球智能手机市场出货量为 11.7 亿部，同比下降 3.2%；中国智能手机市场出货量为 2.71 亿部，同比下降 5.0%。出货量的下降可以归因于以下几个因素：首先，智能手机市场已经趋于饱和。智能手机的普及率已经非常高，大多数消费者都已持有智能手机产品，因此，新用户的增长空间有限，市场增长速度放缓。其次，消费者换机周期延长。随着智能手机的质量和性能提升，消费者更换手机的需求减少。许多消费者都选择延长使用现有手机的时间，而不是频繁更换新手机。此外，全球经济环境的不确定性也对智能手机市场产生了影响。经济衰退和不稳定影响消费者的购买力和购买意愿，从而减少了对智能手机的需求。尽管市场出货量有所下降，但智能手机市场集中度却在提高，少数几家厂商占据了大部分市场份额。根据 IDC 发布的数据，2023 年全球智能手机市场份额排名前五的厂商的市场占有率由 68.7% 进一步提升至 68.9%。市场集中度的提高可以归因于以下几个因素：大型厂商通过不断的产品创新和品牌建设来保持竞争力；小型厂商逐渐被淘汰；大型厂商通过收购、合并等方式进行产业整合，进一步提升市场份额。智能手机产业 2023 年在技术创新方面保持着快速发展。随着 5G

技术的商用普及，智能手机市场将迎来新一轮的增长。5G 技术将带来更快的网络速度和更低的延迟，为智能手机用户带来更好的网络体验。此外，智能手机的摄像头技术、屏下指纹识别技术和折叠屏技术等创新方向也将为产业带来新的发展机遇。这些创新将提供更好的拍照体验、更便捷的安全解锁方式和更大的屏幕体验。展望未来，尽管 2023 年全球智能手机市场出货量有所下降，但随着技术创新和市场需求的不断变化，智能手机产业仍然有着广阔的发展前景。

二、市场结构

在品牌竞争格局方面，苹果在中国高端市场受到竞争冲击，但通过降价促销吸引消费者，成为 2023 年中国智能手机市场出货量第一的品牌。华为、小米、OPPO 和 vivo 等品牌也表现强劲。苹果在 2023 年中国高端智能手机市场中占据了显著的市场份额。根据市场研究机构 BCI 的数据，在 4000 元以上价位段的高端市场中，苹果在 2023 年 11 月的市场份额为 50.8%，尽管出货量同比下降了 21.2%，但仍保持领先地位。苹果的市场份额高的部分原因是其品牌影响力以及产品创新力，iPhone 15 系列在市场上表现良好。华为在高端市场中也表现强劲，市场份额为 22.3%，排名第二。华为的市场份额得益于其 Mate 60 系列的热销，这一系列产品的推出帮助华为在高端市场中保持了竞争力。华为在技术创新和品牌建设上的持续投入，使其在高端市场中的地位逐渐增强。小米在高端市场的份额为 14.4%，位列第三。小米的出货量增长速度较快，同比增长 11.8%，这主要归功于小米 14 系列的成功。小米通过提供具有竞争力的产品，正在逐渐增强其在高端市场中的影响力。除上述三个品牌外，其他品牌在高端市场的份额相对较低。例如，荣耀、vivo 和 OPPO 等品牌在高端市场中也有一定的存在感，但市场份额较小。这些品牌通常通过特定产品或技术创新来争夺市场份额。

在市场类型方面，2023 年，5G 手机在中国市场的出货量占比达到 85.6%，显示出 5G 技术在智能手机市场的快速普及。随着 5G 网络的不断建设和完善，消费者对 5G 手机的需求逐渐增加，各大品牌也纷纷推出 5G 手机来满足市场需求。2023 年 1—10 月，中国 5G 手机出货量达到 1.24 亿部，占同期手机出货量的 73.8%。从价格趋势来看，中国智能手机价格指数在 2020—2023 年间整体运行平稳，价格波动不大。根据中国通信工业协会的数据，2023 年第三季度，中国智能手机的平均售价为 2738 元，与上年同期相比仅上涨了 1.1%。这表明智能手机市场逐渐趋于成熟，消费者对价格敏感度逐渐降低，更加注重产品的性能、品质和品牌。从技术创新方面来看，智能手机行业经历了近三年的低迷期后，从 2023 年第三季度开始逐渐回暖。根据 IDC 数据，2023 年第三季度全球智能手机市场出货量同比增长了 4.3%，结束了连续六个季度的下滑趋势。科技创新和产业升级是推动行业发展的关键因素。品牌不断推出具有创新性的产品，如折叠屏手机、摄像头技术的升级、快充技术的应用等，来吸引消费者的眼球。同时，品牌也在积极探索新的技术应用，如人工智能、物联网等，来提升产品的竞争力和附加值。折叠屏手机在 2023 年的表现尤为突出。根据 IDC 数据，2023 年中国折叠屏手机出货量约为 700.7 万部，同比增长 114.5%，自 2019 年首款产品上市以来，连续四年同比增速超过 100%。这表明折叠屏手机在中国市场逐渐站稳脚跟，并成为智能手机市场的新增长点。折叠屏手机的均价突破 7000 元，其中华为的均价最高，达到 12999 元，销量也突破了百万部。折叠屏手机的快速发展得益于其独特的外观设计和强大的功能体验，例如悬停功能带来了更多拍摄玩法和便捷体验。直板机在 2023 年的市场表现相对稳定。随着折叠屏手机的兴起，直板机在设计和技术上面临一定的挑战，但依然占据智能手机市场的主流地位。直板机的设计和功能创新主要集中在摄像头性能、电池续航和系统流畅性等方面，以满足消费者对高性能手机的需求。

第二节　发展特点

一、高端市场竞争加剧

2023 年，中国智能手机市场在高端领域的竞争尤为激烈。苹果、华为、小米等品牌在 4000 元以上的高端市场中占据了显著的市场份额。例如，苹果在 2023 年 11 月的市场份额为 50.8%，华为为 22.3%，小米为 14.4%。这一趋势反映出消费者对高性能、高品质手机的需求日益增长，同时也促使品牌在产品创新和品牌建设上投入更多资源。以苹果为例，其推出的 iPhone 15 系列以独特的操作系统和强大的硬件配置，吸引了大量消费者的关注和购买。华为则通过 Mate 60 系列在 5G 技术和摄影功能上的优势，成功吸引了高端市场的用户群体。小米则通过小米 14 系列，以高性价比和创新能力，在高端市场中也占据了一席之地。

二、技术创新推动行业增长

中国智能手机行业在技术和设计上不断突破，推动了整个行业的更新迭代。例如，折叠屏手机市场在 2023 年迎来了显著的增长，技术创新水平和消费者接受度都有了质的飞跃，折叠屏手机正成为高端智能手机市场的主流。以华为的 Mate X 系列为例，其创新的折叠屏设计和 5G 技术的结合，为用户带来了全新的使用体验，成为市场上的一大亮点。此外，摄像头技术的升级、快充技术及 AI 技术的深度整合等都是推动行业增长的关键因素。例如，OPPO 和 vivo 在摄像头技术上不断创新，推出了具有高像素和优秀拍照性能的手机，吸引了大量摄影爱好者的关注。

三、产业链高度成熟

智能手机产业链高度成熟，参与者包括芯片开发商、存储供应商、零部件供应商、操作系统开发商等。例如，折叠屏手机对技术工艺、材料创新的要求特别高，需要全产业链合力推动整个折叠屏市场的全面发展。以三星为例，其作为屏幕供应商，在折叠屏技术的研发和生产上具有重要的影响力。同时，国内品牌如京东方、维信诺等也在折叠屏技术上取得了突破，为折叠屏手机的普及提供了重要的支持。产业链的成熟和创新为智能手机市场提供了强大的支持和保障。成熟的产业链能够快速响应市场需求，提供高质量的产品和服务，同时也为创新技术的研发和应用提供了良好的环境和条件。

四、市场出货量波动，创新技术发展带来新机遇

尽管 2023 年全球智能手机出货量同比下滑 3.2%，但中国智能手机

市场在高端市场和创新技术方面仍展现出显著的稳定性和增长潜力。市场出货量的波动反映出市场的竞争和变化，而创新技术的发展则为市场带来了新的增长点和机遇。例如，5G 技术的普及、折叠屏手机的推出、AI 技术的应用等都是创新技术发展的具体体现。以小米为例，其推出的 5G 手机，以高性能和优秀的网络体验，在市场上取得了良好的销量。同时，小米也在 AI 技术上进行了深入的探索和应用，例如在摄影、语音助手等方面的创新，为用户带来了更加智能和便捷的体验。

五、智能手机电商市场发展显著

2023 年，中国智能手机电商市场展现出了显著的增长趋势。根据市场研究数据，2023 年中国电商平台上的智能手机销量同比增长 0.9%，达到 8600 万部，销售额达到 3300 亿元，同比增长 14.4%。电商平台作为智能手机销售的重要渠道，其便利性和多样性吸引了大量消费者。电商平台提供了丰富的产品选择、价格比较、用户评价等信息，使消费者能够更加方便地选择和购买自己满意的手机产品。同时，电商平台还提供了各种优惠活动、分期付款等便利的购物方式，进一步促进了消费者的购买意愿。随着移动互联网的普及和消费者购物习惯的变化，越来越多的消费者倾向于通过线上渠道购买智能手机。电商平台能够提供更加便捷的购物体验，满足消费者对即时性和个性化的需求。消费者可以通过手机应用程序随时随地浏览商品、比较价格、下单购买，这种便捷的购物方式逐渐成为主流。

第九章

虚拟现实

第一节　发展情况

作为新一代信息技术的重要前沿方向，虚拟现实是下一代通用性技术平台和元宇宙的关键入口，是数字经济的重大前瞻领域，将深刻改变人类的生产生活方式。经过多年发展，虚拟现实产业初步构建了以技术创新为基础的生态体系，正迈入以产品升级和融合应用为主线的战略窗口期。伴随新型基础设施的不断完善，生成式人工智能、元宇宙等概念的大热，虚拟现实产业迎来了新一轮发展机遇。

一、终端设备

IDC 数据显示，2023 年全球 VR/AR 头显出货 810 万台，同比下降 8.3%，索尼的 PSVR 和 Meta 的 Quest 3 头显居全球销量前两位。宏观经济压力以及商业领域的支出放缓等多重因素，抑制了全球 VR/AR 头显市场的增长。

2023 年，我国 VR/AR 头显出货 72.5 万台，同比下滑 39.8%。VR 头显市场方面，2023 年我国 VR 头显出货 46.3 万台，同比下滑 57.9%。其中，一体式 VR 头显出货 35.7 万台，分体式 VR 头显出货 10.6 万台，以 Pico 为首的中国 VR 厂商开始大幅降本增效，削减广告营销投入费用，降低平台补贴、打卡返现等促销活动力度。出货量前四的厂商在 2023 年均未推出亮眼新品，主力系列仍为 Pico 4、Nolo CM1、DPVR E4、

HTC Vive Cosmos 等旧产品，目前一体式 VR 设备换机周期相对较长，消费者换机升级动力不足。AR 头显市场方面，2023 年我国 AR 头显出货 26.2 万台，同比上涨 154.4%，占我国 VR/AR 市场出货量的 36.1%，创历史新高。其中，分体式 AR 头显出货 23.0 万台，一体式 AR 头显出货 3.1 万台。相较于 2022 年厂商扎堆发布轻量化分体式 AR 头显的策略，2023 年国内主流品牌开始推出了搭载高通处理器的一体式 AR 眼镜。

二、软件工具

目前，市场上有很多厂商布局物联网设备建模和数字孪生城市等场景建模。例如，Unity 基于数字孪生的解决方案在最早的需求提出和结构设计阶段，提供了 PiXYZ 和 Unity Reflect 两个产品，可供在结构设计之初对模型进行虚拟化体验；在模型算法设计包括数字孪生原型设计阶段，提供了 ADAS、HMI 等测试环境，能够快速地把原型包括算法模型在虚拟环境中进行大量测试，以实现在较前期阶段对算法或原型做测试验证，大幅提高迭代效率。

渲染引擎领域，我国渲染引擎起步较晚，渲染引擎厂商主要分为两类：一类是游戏大厂及互联网企业为自研游戏开发的渲染引擎，这类引擎以满足自用为主，因此在设计上并非大而全面；另一类为专业的商用引擎，对于通用性和全面性要求较高。相比于海外领先企业，国产渲染引擎的技术能力较为薄弱。但随着 H5 小游戏（基于 HTML5 技术开发的轻量级游戏）逐渐火热，国产渲染引擎基本具备 H5 小游戏渲染能力。总体而言，国产渲染引擎在轻量化游戏上有较好表现，而驱动高质量大作的能力尚未成熟。

三、内容制作与分发

优质的虚拟现实长线内容更新迭代较慢，多为海外研发。从 2023 年 Steam 和 Oculus Quest 的游戏收入排行榜来看，收入排名靠前的游戏多为上线运营 2 年以上的优质游戏，且均为海外厂商研发的产品。过去 2 年中少有 VR 爆款游戏推出的原因有以下两点：一是硬件设备自 2020 年 Oculus Quest 2 发布以来并未有重大革新，2023 年发布的 pancake 新品虽有创新，但能否有与之相匹配的突出创新内容需要时间验证。二是主流 VR/AR 游戏品类中已有在当前硬件条件下的优质代表作（如音乐类 *Beat Saber*、射击类 *Half Life:Alyx*）。

海外大厂持续推进，视频内容实现常态化更新。Meta 通过其 VR 直播应用 Horizon Venues（现已整合入 Horizon Worlds）已实现体育赛事、音乐会和演讲等多类活动的常态化 VR 直播。据 Meta 官网信息，Horizon Venues 已上线超 200 场各类型 VR 直播和视频内容，多场直播实现 8K+180 度的画面效果，包括全球知名体育赛事 NBA、WNBA 和 ONE Championship 等；知名歌手乐队 Billie Ellish、Foo Fighters 和 PostMalone 等的演唱会。此外，Meta 在 Quest Store 上推出的体育直播应用 XTADIUM，可免费点播三场 NASCAR 比赛、两场 UFC Fight Pass 赛事、一场冠军赛、欧洲篮球联赛，以及全美杯网球赛的直播和点播等。

四、应用与服务

工业生产领域，虚拟现实技术的应用主要集中在 B 端，通过对生产数据和流程进行可视化改造，赋能工业生产制造的研发设计、员工培训、检修维护、日常运维等环节，推动工业生产数智化转型。典型应用场景有三种：一是利用虚拟现实技术对设计试验进行仿真，降低试验成本，提高设计效率；二是利用虚拟现实技术对流程、环境等工作场景进行模拟，进行员工业务培训；三是对生产制造设备运行情况进行可视化管理，助力设备远程运维和日常生产巡检。

教育培训领域，虚拟现实技术的应用包含中小学教育、职业教育和高等教育等方面。在中小学教育领域，虚拟现实技术的主要应用是提供沉浸式的学习体验，帮助学生更深入地理解和掌握学习内容。目前，国外虚拟现实技术应用相对更广泛，针对障碍学生、老师等研发了多款产品。在职业教育领域，虚拟现实技术的主要应用是提供高度仿真的工作环境，帮助学生进行实践操作训练。国内外均重视虚拟仿真实训基地，在落地场景上差距不大。在高等教育领域，虚拟现实技术的主要应用是提供远程实验和研究的条件。国外在跨学科、软技能上的探索领先于国内。

体育健康领域，虚拟现实技术的应用包含沉浸式训练、身体感知与运动分析、心理训练与放松、健康管理与伤病预防等方面。其主要应用是创建各种模拟比赛现场、虚拟体育场馆，以及心理训练场景，并通过传感器等设备捕捉身体动作、生理监测数据和运动数据，进行实时分析和反馈，帮助民众了解自己的运动状态和动作，发现和改进自身的技术缺陷，预防潜在健康问题，如肌肉疲劳、关节损伤等，减少伤病发生。

文化旅游领域，虚拟现实技术的应用主要是对文化内容、虚拟旅游资源的数字化加工，向观众提供导航介绍、古迹复原、情节再现等服务，实现文旅资源的沉浸式体验。目前主要有两种典型应用场景：一是通过虚拟现实技术赋能传统文旅资源，实现优秀文化和旅游资源的沉浸式交互体验，推动传统文旅资源游玩感受升级；二是在主题乐园、博物馆等特定场景利用虚拟现实技术打造全新沉浸式交互文旅项目。

智慧城市领域，虚拟现实技术的应用是构建城市虚拟场景，对城市进行环境模拟、感知互动、动态仿真，既可以使用户观察了解城市规划信息，实现城市实时运行可视化，又可以实现多元主体交互，通过虚拟世界平台进行城市管理，实现虚拟与现实的协同互联。虚拟现实技术与智慧城市建设的结合可以实现城市基础设施服务、公共服务管理、产业发展规划的深度虚实融合，助力打造城市治理高效、公共服务及时、产业规划科学的智慧城市。

商贸创意领域，虚拟现实技术的应用包含产品设计和展示、数字营销和品牌体验、培训和会议等方面。通过产品设计和展示，创建数字化的营销和品牌体验，使设计师和客户能够沉浸在虚拟环境中，身临其境地感受品牌和产品，全方位地观察和体验产品，提高消费者的购买决策效率，同时也可以提升品牌形象和客户忠诚度，使参与者能够以更生动、真实的方式进行学习和交流。

第二节 发展特点

一、虚拟现实终端设备技术方案演进方向逐渐明朗，前沿技术商用落地

虚拟现实终端设备始终围绕轻薄化、高质量成像方向发展，光学方案先后经历了非球面透镜、菲涅耳透镜，目前 Pancake 光学方案（一种

基于反射偏振的折叠光路技术)成为技术演进主要方向。显示方案方面，Fast-LCD 仍为消费级产品主流方案，Mini LED 背光技术是 LCD 显示技术路径的重要创新方向。专业级产品已采用 Micro OLED 显示屏，苹果 Vision Pro 采用了 2 块 1.42 英寸的 Micro OLED 显示屏，前沿显示技术已在虚拟现实头显中实现商用。

二、生成式人工智能技术有望成为虚拟现实产业发展催化剂

人工智能技术无论是在虚拟现实终端设备的交互体验，还是在软件工具的高效协同方面均起到至关重要的作用。ChatGPT、Stable Diffusion 等生成式人工智能（AIGC）产品的发布，极大降低了虚拟现实内容的制作门槛，有望解决虚拟现实内容短缺问题。特别是在虚拟人领域，伴随 AIGC 产品的广泛运用和各类多模态模型的涌现，虚拟人正在加速进化，数字人更懂消费者需求，能有效提升行业的服务能效，提升落地场景内用户的交互体验。

三、苹果头显引领虚拟现实技术单点创新和集成创新方向

2023 年，苹果发布虚拟现实终端 Vision Pro，定义了新的虚拟现实设备功能和应用场景，有望开启 MR 终端普及爆发期。交互方面，苹果 Vision Pro 定义了新的 MR 设备人机交互方式，采用眼动、手势、语音交互替代传统的手柄控制器。呈现方面，苹果 Vision Pro 集成了影像透视（Video See-Through，VST）和超高清显示技术，采用了 2 块 1.42 英寸可呈现 100 英寸 4K 画面的 Micro OLED 显示屏和 1 块异形柔性 AM OLED 外显示屏。传感方面，苹果 Vision Pro 实现了对眼动、面部、躯干、手势的追踪，采用双芯片设计，搭载 12 颗摄像头、5 个传感器，将画面延时控制在 12 毫秒内。建模方面，苹果 Vision Pro 使用基于编解码神经网络技术的 Persona 功能，可快速构建出用户的数字形象。VR 头显 Quest Pro 也瞄准苹果虚拟现实终端配置，总计装备 16 颗摄像头，其中头显上 10 颗、手柄上 6 颗，在六自由度追踪定位和视频透视摄像头的基础上再增加深度识别、面部追踪、眼动追踪等交互功能。

四、虚拟现实先锋应用案例征集工作和元宇宙产业行动计划发布，顶层设计利好产业发展

2023 年 7 月 20 日，工业和信息化部等五部门联合印发《关于征集虚拟现实先锋应用案例的通知》，在十大领域组织开展虚拟现实先锋应用案例征集工作，并对应用成果突出、具有复制推广价值的案例，从项目审批及政策、资金等资源配套方面提供支持。2023 年 9 月 8 日，工业和信息化部等五部门联合印发《元宇宙产业创新发展三年行动计划（2023—2025 年）》，该政策也为元宇宙产业核心技术底座之一的虚拟现实产业发展指明方向，将强化虚拟现实与人工智能、区块链、云计算等技术的融合创新。

第十章

超高清视频

2023 年 12 月 15 日，工业和信息化部、教育部、商务部、文化和旅游部、国家广播电视总局、国家知识产权局、中央广播电视总台联合发布《关于加快推进视听电子产业高质量发展的指导意见》，从八大系统推进视听产业发展。

第一节 发展情况

一、内容采集

广播电视及文教领域，专业级设备逐步向 8K 发展，消费级设备性能提升并可替代部分专业级设备使用，镜头供应仍是我国需要攻破的主要问题。广播电视节目拍摄的 8K 摄录产品主要由日本企业提供，国内企业自主设计研制、生产的 8K EFP 超高清摄像机通过了奥林匹克广播服务公司（OBS）的技术检测，部分企业生产的电影摄影机已成功出口至国外。消费级产品方面，手机已成为重要的采集工具，摄像头已逐步配备 HDR 功能，部分消费级照相机已开始应用于专业拍摄。镜头方面，缺少较大变焦比的转播级别镜头。

工业制造领域，工业相机主要包括线阵相机、面阵相机等，其精确性高、速度快，灰度级可到 256 以上，可观测微米级的目标，快门时间可达到 10 微秒左右，高速相机帧率可达到 1000 帧/秒以上。国内相关企业均针对不同行业提供了定制化采集解决方案。

医疗健康领域，我国企业在超高清内窥镜领域已取得诸多进步，实现了全链路 4K 超高清成像。4K 超高清内窥镜生成的图像分辨率是传统高清图像的四倍，可真实再现影像色彩，可观察到细微血管、神经及筋膜层次，还可观察到传统高清内窥镜难以探查的病变区及活检部位细节，对解剖层面组织及血管拥有更高的辨识度。基于高图像质量及清晰度，4K 超高清内窥镜可用于传统高清内窥镜难以操作的精细手术，如神经血管手术。国内企业已有超高清内窥镜及摄像系统、术野相机等产品在各大医院应用。

安防监控领域，监控摄像机与 AI 技术深度融合，面向不同场景的定制化产品不断推出，智能化趋势加速。超高清技术推动夜间监控、大视角监控发展，提高了日夜成像的共焦能力和像质。"AI+视频监控"可极大提高视频监控数据的利用效率，并助力视频监控的应用领域从安全防范拓展至更多的智能化应用。

二、网络传输

从高清到 4K/8K 超高清的转变，媒体质量高动态、高帧率等因素带来了高码率的网络需求，满足 4K/8K 超高清业务的基础网络需要支持高带宽、低时延、低丢包率、低抖动等要求，而 5G 网络则为 4K/8K 超高清业务在互联网上的应用特别是直播等实时应用提供了现实基础。截至 2023 年底，三家基础电信企业的固定互联网宽带接入用户总数达 6.36 亿户，全年净增 4666 万户。其中，100Mbps 及以上接入速率的用户为 6.01 亿户，全年净增 4756 万户，占总用户数的 94.5%，占比较上年末提高 0.6 个百分点；1000Mbps 及以上接入速率的用户为 1.63 亿户，全年净增 7153 万户，占总用户数的 25.7%，占比较上年末提高 10.1 个百分点。

定制化的 5G 技术逐步应用于不同超高清视频场景。如面向工业制造，运营商搭建 5G 专网，通过多频协同、超级上行、QoS 增强、无线资源预留、切片、边缘节点等技术的灵活定制，为工厂提供带宽增强、低时延、数据本地卸载、业务隔离、业务加速等个性化功能。摄像头采集的视频数据通过 5G 专网传输至边缘计算中心进行实时分析，以获得准确指令，提供柔性工作能力。截至 2023 年底，全国移动通信基站总数达 1162 万个，其中 5G 基站为 337.7 万个，占移动通信基站总数的

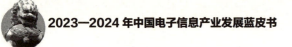

29.1%，占比较上年末提升 7.8 个百分点。

三、终端呈现

据国家统计局数据，2023 年全国电视机产量为 19339.6 万台，同比下降 1.3%，广东、山东分别是产量第一和第二名。根据洛图科技数据，2023 年，中国电视市场品牌整机的出货量为 3656 万台，同比下降 8.4%，海信、小米、TCL、创维累计市场份额达到 79.0%。海信在 2023 年中国电视市场的出货量排名第一，市占率为 23.0%；TCL 全年出货量排名第三，市占率提升 2.7 个百分点，达 18.7%，在 Mini LED 市场的监测销量占有率超 50%，其子品牌雷鸟出货量大幅增长，增速超 50%；创维全年出货量排名第四，市占率较 2022 年提升 3.0 个百分点。大尺寸电视销量大幅增长，85 英寸、98 英寸和 100 英寸电视的销量份额分别达到 6.0%、0.4% 和 0.3%，其中 85 英寸和 100 英寸电视销量同比实现了翻倍增长，98 英寸电视的销量增幅也高达两位数。Mini LED 电视销量增长 140%，加速向高端渗透；中国市场 Mini LED 电视的全年销量达到 92 万台，较 2022 年增长超过 140%。

家庭超高清视频终端从以影音娱乐为中心向更丰富的家庭智慧应用领域扩展。根据工业和信息化部数据，截至 2023 年底，三家基础电信企业发展的 IPTV（网络电视）用户总数达 4.01 亿户，全年净增 2058 万户。随着网络能力的持续增强，泛在通信能力的提升，面向手机的视频通话和互动能力也将逐步延展到家庭 TV 大屏上，促进移动网络和家庭业务的进一步融合，为 TV 大屏提供智家视频通话能力。未来，在移动网络和家庭业务的融合下，运营商家庭视频业务加速发展，终端侧视频产品快速演进，基于原有 IPTV/OTT 机顶盒的高质量视频播放能力，将逐步叠加摄像头、音箱、语音麦克风等，形成新形态的融合终端，从而实现娱乐和通信的融合，不仅丰富视频业务体验，也将提升业务运营的黏性，为社交视频带来历史性发展机遇。

四、行业应用

超高清视频与 5G、虚拟现实、人工智能技术深度融合，推动广电智能化、数字化发展。"超高清+5G"满足广电低时延、大码率传播需求，构建互联互通的广电网络。2024 年春晚采用浅压缩背包配合 5G-A 分布式微站，打造大带宽、低时延、高可靠、智能化的无线极简视频拍摄及制播专网。巴黎奥运会上，英特尔使用内置人工智能加速器和深度学习加速技术的可扩展处理器对分辨率为 8K、帧率为 60FPS 的实时原始信号进行编码，推进低时延、广播级 8K 分辨率视频直播的发展。"超高清+虚拟现实"扩展广电服务新业态。索贝搭建 XR 异地演播室系统，实现了异地访谈、异地报道等穿越式场景呈现和互动功能；中国电信四川分公司发布首个千兆"8K+XR"新视觉在线业务，为用户提供面向 8K 超高清电视机大屏的 AR/VR 近眼显示、8K 全景视频、8K/3D 巨幕影视、自由视角/多视角等功能。"超高清+人工智能"推动广电监管、生产智能化。在生产方面，人工智能丰富了视频内容产业的生产方式，提高了视频内容生产效率，降低了视频内容生产成本，如人工智能可用于视频增强，完成一系列老旧影片的修复，丰富完善了超高清内容。在监管方面，人工智能基于深度学习算法，可对内容中的图片、语音、文字等进行识别，应用于广告检测、智能检索、智能审核等领域，提高了广电监管审核的效率。

超高清视频技术带动制作技术升级，推动内容供给市场不断繁荣。各省市电视台纷纷配置超高清转播车，超高清节目制作能力不断提升。超高清转播车已基本解决制作端高带宽传输和数据处理速度的瓶颈，很多未开设超高清频道的电视台都配置了超高清转播车，如常州电视台、临沂电视台等，极大地提升了超高清节目的制作能力。云化、网络化成为超高清视频内容制作新模式，后期制作效率大幅提高。后期制作已进入网络化和云化时代，网络化多层实时编辑已经规模化应用。视频云领域，阿里云、腾讯云、华为云、百度云市场规模快速增长，央视、湖南电视台、北京电视台、江苏电视台已率先实现了私有云部署，其他各个地方电视台也在加速部署云服务。出于节目制作的安全性考虑，采集、播控等环节上云较少，而媒资管理等领域已实现逐步上云。播出系统不断向 IP 化发展，超高清频道建设进程加速，超高清播出系统 IP 化已成为趋势。广西打造"融合光网+8K 超高清直播"，通过万兆 IP 广播网络将 8K 视频信号分发至广西广电网络 100 多万个光纤用户，提升了广西广电用户的观看体验。

AIGC、大模型技术加速内容生态建设,编码技术为超高清视频传输垒实底座。随着5G技术普及、网络带宽提升,用户对高质量视频内容的需求进一步增长,超高清视频内容生产和传输正在成为满足这一需求的关键驱动力。在内容生产方面,AIGC以其强大的内容生成能力和海量数据处理能力,丰富了超高清视频生产业态,提高了内容制作效率。2024年3月,中央广播电视总台推出全流程AIGC制作视频《AI我中华》,对促进文化创新和优质视听内容生产起到重要作用。在内容传输方面,便携式编码技术能够对采集设备拍摄的超高清视频进行实时编码处理,提高其传输效率。2023年杭州亚运会期间,中央广播电视总台将超高清背包部署于直升机上对比赛进行拍摄和转播,并通过空中5G链路传输俯瞰视角画面,实现了空中视频传输清晰度上的突破。

第二节　发展特点

人工智能技术迭代升级推动超高清视频产业智能化发展。智能化已成为超高清视频产业发展的重要趋势。视频制作方面,可利用计算机视觉技术实现视频内容图像的智能剪辑和拼接,使视频制作更加高效。语音处理方面,可以利用自然语言处理技术将文字转化为语音,并将其合成为自然流畅的语音,实现视频内容语音智能制作。内容版权保护方面,可依托区块链技术和人工智能技术,实现视频内容版权的智能保护和检测,从而有效保护视频创作者的权益。视频直播方面,可以实现视频直播内容的自动化制作和推荐,提高直播的互动性和用户的体验感。

超高清视频技术产品持续提升用户体验。随着以千兆光网和5G为代表的"双千兆"网络的普及应用,超高清视频得到良好的网络传输保障,用户能够享受更清晰、更流畅的超高清视频观看体验。4K高清晰度画面已成为电视主流,网络平台上的4K视频内容专区和4K/8K电视频道带给用户更具震撼力、感染力的观看体验。以三维声为代表的音频技术的不断进步和创新,使人们可以享受更加逼真和清晰的声音效果。视频服务更加注重用户交互与个性化功能,根据用户的兴趣和喜好为其推荐更加定制化的视频内容。视音频产品与智能家居、智能汽车等设备

实现智能化联动连接，给用户提供更加便捷、沉浸式的视音频体验。超高清视频与 VR/AR 技术的融合创新发展，使用户可以在虚拟环境中体验更丰富的视听效果，给用户带来更加身临其境的感觉。

超高清视频内容产品更多元化。超高清视频内容形式不断拓展，从传统的电影、电视剧、综艺、音乐、广播等逐渐延伸出去，涵盖了纪录片、动画片、游戏、漫画、网剧、直播、个人用户创作等领域，内容主题也更加丰富和多样化。超高清视频产品功能向着更加社交化、互动化、个性化的方向发展，除了传统的视频娱乐和新闻报道，越来越多的视频平台正在开发更多元化的功能，例如在线教育、电子商务、虚拟现实、在线直播等，从娱乐向教育、商业领域扩展。除了传统的音乐、广播、播客等娱乐性质的应用，音频产品的功能趋势更多元化，涵盖了语音助手、智能音箱、AI 翻译等多个领域，为人们的生活和工作带来了更多的便利。视频应用更加注重社交和分享功能的应用，除了视频观看功能，用户还可以通过社交平台分享自己喜欢的视频内容，与其他用户进行互动和交流。

第十一章

5G 网络及终端

  自 2019 年 5G 网络商用以来,中共中央、国务院及各部委不断完善顶层规划设计,强化政策支撑保障,推动产业链上下游协同发展,促进 5G 与各产业深度融合,在标准专利、网络建设、设备制造、应用创新等方面形成了系统领先优势。通过近五年的网络部署,我国已建成全球规模最大、技术水平领先的 5G 网络,全部工业门类均完成"5G+工业互联网"案例实现,5G-A 迈入商用落地阶段,5G 异网漫游功能进入商用推广阶段。随着 5G-A 商用化的到来,我国 5G 网络各项能力将进入集中释放、加速应用的新阶段。

第一节 发展情况

一、网络基础设施发展情况

  当前,我国"双千兆"网络部署稳步推进,适度超前建设 5G 相关基础设施,5G 基站覆盖范围持续提升,规模屡创新高,5G 网络新基建规模始终保持全球领先水平。截至 2024 年第一季度,我国累计建成 5G 基站 364.7 万个,共建共享基站超过 150 万个,5G 用户普及率突破 60%,5G 网络接入流量占比达 47%,5G 网络已覆盖全国所有地级市、县城城区,千兆城市达到 207 个,全球规模最大。此外,我国 5G 专网建设也持续保持高速增长,2023 年年中至年底,国内 5G 专网用例从 1.6 万余个迅速增长到 3.16 万余个。据相关研究机构预计,2026 年我国 5G 专网总收益将达到 2361 亿元。在 5G 网络基础设施更新上,根据工业和信息化部办公厅发布的《关于开展 2024 年度 5G 轻量化（RedCap）贯通行动的通知》，2024 年 12 月前，我国还将实现支持 5G RedCap 的 5G 基站在超 100 个地级及以上城市城区连续覆盖，新建支持 5G RedCap 的 5G 行业虚拟专网。

我国 5G 基站建设呈现出"先宏站后小站，先室外后室内"的特点。当前 5G 宏基站建设发展迅速，整体建设接近饱和，5G 小基站建设将成为主要发展趋势。随着远程教育、智慧医疗、远程办公等应用快速发展，5G 室内应用场景逐步增多，能解决宏基站投资规模大、信号覆盖不足等缺点的小基站的大规模应用成为必然趋势。目前，传统大型通信设备商在宏基站领域占据主要市场，中小通信设备商有望在小基站领域占据主要市场。从技术积累、研发实力、产业链掌控力等方面看，除华为、中国信科、中兴通讯和爱立信等传统大型通信设备商外，京信、赛特斯、锐捷网络、新华三等设备商也具备提供个性化小基站解决方案的能力。在大中小不同梯队设备商的协同建设下，我国 5G 网络基础设施建设将进一步完善。

二、5G 终端设备发展情况

随着 5G 网络建设的不断推进，5G 网络与车联网、工业互联网等行业应用的融合度持续深化，5G 终端类型更加多元化、特质化和专业化，除 5G 手机、CPE、模组、网关、车载单元等传统终端品类外，AR/VR 眼镜、机器人、无人机、专用医疗终端等新型终端品类也在不断丰富。据统计，截至 2023 年底，全球共有 551 家终端供应商发布 5G 终端 3313 款，同比增长 38.3%。其中，手机、CPE、模组作为 5G 终端主力军，款型数量分别达到 1637 款、423 款、367 款，占比分别为 49.4%、12.8%、11.1%；5G 网关、5G 照相机等终端品类数量连年保持高速增长，2023 年同比增速分别达到 65.6%、63.6%，远超平均增速。

2023 年，全球智能手机市场经历长期低迷后开始触底回暖，第四季度全球智能手机出货量同比增长 8.5%，实现正增长；5G 手机出货量为 7.16 亿部，同比增长 2.3%，占智能手机出货量的 61%。此外，在 5G 手机新品不断推出、国内品牌 5G 手机回归等因素影响下，国内智能手机市场出现大幅回暖迹象，2023 年第四季度智能手机出货量达到 8487

万部，同比增长 16.5%，为近两年最高水平；2023 年全年我国 5G 手机出货 2.39 亿部，同比增长 11.7%，占智能手机出货量的比例达到 86.6%，在增速和渗透率方面均高于全球水平。从折叠屏手机到影像旗舰机，随着手机厂商持续聚焦手机高端化转型，2024 年或成为 AI 手机爆发元年。自 2023 年底以来，vivo 发布搭载自研 AI "蓝心大模型"的 vivo S18 系列手机，三星推出 AI 概念手机 Galaxy S24，荣耀、OPPO、中兴等也相继发布 AI 手机新品，IDC 预测 2024 年全球新一代 AI 手机出货量将达 1.7 亿部。

从 5G 用户数量的角度观察，5G 技术在全球范围内的普及正在加速，越来越多的用户接入 5G 网络。国际方面，据 2023 年 11 月《爱立信移动市场报告》数据，到 2023 年底，全球 5G 用户总数突破 16 亿户大关，5G 用户占全球移动用户总数的近五分之一。国内方面，截至 2024 年 2 月底，我国共发展移动电话用户 17.46 亿户，其中，5G 用户达 8.51 亿户，占比近一半，超过 4G 用户数近 1 亿，5G 移动电话已成为我国主流。

三、5G 应用发展情况

当前全球各国都在积极推动 5G 规模化应用，我国 5G 应用发展水平全球领先。根据工业和信息化部数据，截至 2023 年底，我国 5G 应用已融入 71 个国民经济大类，5G 应用案例超 9.4 万个，"5G+工业互联网"项目数超 1 万个，助力释放行业转型新动能。5G FWA、5G 车联网、5G PC 有望成为 5G 应用三大增量市场。其中，FWA（Fixed Wireless Access，固定无线接入）市场是 5G 物联网应用中出货量占比最大的市场，2023 年 5G FWA CPE 出货量预计同比增长 86%，达到 1380 万台；5G 车联网搭载率将在 2025 年达到 25%～35%，年交付量预计为 500 万～750 万辆；5G PC 占蜂窝笔记本电脑的比例将于 2025 年达到 65%，出货量将达到 929.5 万台。

5G RedCap 产业生态进入加速成熟期，已具备规模化商用条件。2024 年 4 月，工业和信息化部办公厅发布了《关于开展 2024 年度 5G 轻量化（RedCap）贯通行动的通知》，5G RedCap 赋能产业数实融合将进入新阶段。一方面，全球已有 8 个国家超过 12 家运营商完成 RedCap

技术验证；另一方面，芯片、模组、终端厂商集中发布多款 5G RedCap 产品。我国三大运营商已在上海、杭州、宁波、深圳、佛山等 10 余个地市完成 5G RedCap 端到端的商用部署，实现了对工业、电力、车联网等多个行业的覆盖，5G RedCap 将在 2024 年迎来正式商用。

第二节　发展特点

一、5G 网络基础设施建设将进入定制化的深度覆盖和优化阶段

自 2019 年我国 5G 网络商用以来，我国 5G 网络建设重点就放在以满足消费者需求为主的 To C 网络上，基础设施建设范围不断向农村及偏远地区延伸。在 5G 网络部署前期，为了尽快实现覆盖全国的网络建设，5G 宏基站的建设步伐不断加快，目前我国 5G 宏基站已覆盖所有地级市城区、县城城区。随着覆盖广度的不断提升，5G 宏基站市场已接近饱和，室内覆盖及深度覆盖成为 5G 网络发展的新动向。三大运营商于 2022 年初纷纷启动了 5G 小基站集采，聚焦细分场景的信号覆盖与网络建设，我国 5G 网络部署将进入精细化阶段，体积更小、部署灵活的小基站将在未来几年成为 5G 网络部署重点。

小基站自带网络容量，可以通过宏基站信号来有效满足商场、楼宇、家庭及地下停车场等多种室内场景的信号覆盖及容量需求，较好地弥补宏基站投资规模大、信号覆盖不足等短板。在煤矿、电力等高价值性的政企专网使用场景下，小基站由于部署灵活、性价比高，满足了运营商按价值区域建网，以及不同客户针对不同应用场景灵活组合产品、随心订购的需求，通过"宏一小"基站协同的定制化基站实现行业成本的降低。

二、5G 终端多样化趋势进一步显现

2023 年，工业和信息化部发布《工业互联网专项工作组 2023 年工作计划》，计划中进一步强调要加强 5G 工业芯片、模组、终端的研发应用，提升我国产业发展的硬件基础。在国家及地方政策等顶层设计的

持续完善下，我国 5G 终端整体成本进一步降低，在 5G 行业模组分级分层策略、精简化 5G 芯片等技术的影响下，国内 5G 模组价格已下降到 400 元左右。在 5G 芯片和模组技术进步以及成本下降的双重刺激下，2023 年越来越多的低价位非手机 5G 终端进入市场，我国 5G 终端市场生态持续完善。

据 TDIA 统计，截至 2023 年 9 月，国内共有 296 家终端厂商（新增 18 家）的 1315 款 5G 终端获得工业和信息化部核发的进网许可证（含试用批文），5G 终端款型的全球占比近半，其中非手机终端占比超 1/3。模组、网关、CPE、车载单元等终端品类不断增加，非手机终端的无人机、机器人、游戏 PC、AR/VR 眼镜等新型终端样式不断丰富，5G 终端多样化趋势显著增强，整体生态环境持续完善。

三、5G 应用迎来规模化和轻量化发展阶段

现阶段 5G 应用主要向个人用户应用和行业级应用两大方向发展。在个人用户应用层面，截至 2023 年末，中国移动、中国电信及中国联通的 5G 套餐用户数合计超过 13 亿户，5G 超高清、5G 云 VR/AR、5G 云游戏、5G 量子密话、5G 消息、5G 新通话以及各大应用商推出的 5G 新应用不断推动个人用户形成 5G 应用习惯。在行业级应用方面，目前 5G 应用已与各垂直应用领域深度结合，规模化拓展、多行业复制效应成为关键。2023 年，中国移动、中国电信、中国联通三大运营商累计打造 5G 项目数跨越 7 万个大关，覆盖全行业场景超过 100 个，覆盖国民经济 60 个行业大类，多行业复制效应显著，标准化、模块化、规模化要求不断推动行业应用场景的落地。

2024 年作为 5G-A 元年，5G-A 技术成果持续推动 5G 应用迎来新发展。作为 5G-A 重要技术成果之一，5G RedCap 通过对终端能力进行裁剪可以达到成本降低、尺寸缩减、功耗降低的效果，将有助于推动 5G 行业终端规模化商用，扩大 5G 应用场景。2024 年 4 月，工业和信息化部办公厅发布《关于开展 2024 年度 5G 轻量化（RedCap）贯通行动的通知》，旨在通过相关行业标准制定的完成和网络覆盖的扩大，推动各行业创新应用和产品的涌现。目前，国内三大电信运营商已经相继完成了多轮 5G RedCap 相关技术验证和场景测试，我国 5G RedCap 商用化

进程已经进入快车道。据市场研究公司 Counterpoint Research 预测，在 2030 年蜂窝物联网模块总出货量中，5G RedCap 模块占比将达到 18%。5G RedCap 将在对速率和时延要求相对较低的应用场景下发挥重要作用，满足用户灵活化、定制化需求，有效推动 5G 技术进一步广泛应用。

第十二章

人工智能

第一节　发展情况

一、产业情况

人工智能产业成为全球竞争主战场。习近平总书记指出，人工智能是引领这一轮科技革命和产业变革的战略性技术，具有溢出带动性很强的"头雁"效应。近年来，发达国家围绕关键技术、高端人才、标准规范等强化战略部署和顶层谋划，将发展人工智能视作提升国际竞争力、维护国家安全的重大战略举措，旨在新一轮国际科技竞争中掌握主导权。例如，美国发布多份人工智能国家战略，在统筹建设和共享人工智能研究基础设施及资源的同时，加大对人工智能安全风险的治理力度和对人工智能行业竞争秩序的维护，以强化自身在全球人工智能领域的霸主地位。特别是 2023 年以来，以聊天机器人 ChatGPT 为代表的大模型再度引爆全球人工智能发展热潮，掀起"百模大战"。当前，人工智能技术加速迭代演进，行业应用持续深化，我国面临的竞争态势日趋复杂激烈，必须牢牢把握人工智能发展新阶段国际竞争的战略主动性，铸就竞争新优势，拓展发展新维度，有效维护国家安全。

人工智能推动生产力加速变革跃升。人工智能逐步重构生产、分配、交换、消费等经济活动各环节，形成从宏观到微观各领域的智能化新需求，不断催生新产业、新模式、新动能，深刻变革人类生产生活方式和思维模式，成为发展新质生产力的重要引擎。当前，我国人工智能发展取得积极进展，核心产业规模已达 5000 亿元，企业数量超 4500 家，智能芯片、通用大模型等创新成果加速涌现，发展总体处于全球第一梯队。中国电子信息产业发展研究院数据显示，2023 年，我国生成式人工智能产业市场规模约为 14.4 万亿元，企业采用率已达 15%。

人工智能成为经济社会发展新引擎。当前，新一代人工智能相关学科发展、理论建模、技术创新、软硬件升级等整体推进，以创新、融合、智能为显著特征的科技和产业革命持续升温，引发链式突破，逐步成为经济发展的新引擎。作为新一轮产业变革的核心驱动力，人工智能正逐步扩大科技和产业变革积蓄的巨大能量，成为全球瞩目的焦点。

二、市场结构

人工智能产业链主要包括基础层、技术层和应用层三个部分。其中，基础层包括人工智能芯片等硬件设施，以及云计算等服务平台的基础设施、数据资源等，为人工智能发展提供基础的算力支撑和数据服务；技术层包括算法、通用框架、开发平台等，是人工智能产业的核心；应用层是面向特定应用场景需求而形成的软硬件产品或解决方案，实现人工智能技术与千行百业的融合应用。

算力方面。随着大模型的快速发展，对算力特别是人工智能算力的需求正在持续快速扩张。人工智能高度依赖计算、存储、网络等相关基础设施，随着数据不断增长和算法复杂度的提高，将对计算能力供给提出更高要求。在科技兴国政策驱动下，人工智能对提升中国核心竞争力的重要支撑作用得以确立。结合新基建、数字经济等利好政策，中国人工智能市场稳中有进，凸显在数字经济时代中技术的力量。IDC 数据显示，2023 年，中国加速服务器市场规模为 94 亿美元，同比增长 104%。其中，GPU 服务器占据主导地位，市场规模达到 87 亿美元，占 92%；而 NPU、ASIC 和 FPGA 等加速服务器占据近 8% 的市场份额，规模超过 7 亿美元，同比增长 49%。从出货量看，浪潮信息、坤前、新华三排名前三，总市场份额超过 50%。从国产化程度看，中国本土人工智能芯片品牌的出货量已超过 20 万片，约占整个市场的 14%。

算法方面。2006 年深度学习算法的提出使人工智能进入新发展阶段，其通过卷积的方式，取代了机器学习中特征提取环节。近年来，人工智能应用的繁荣来源于算法的持续突破创新，并在大数据、大算力的支持下发挥出较大的威力。典型深度学习算法包括卷积神经网络（CNN）、递归神经网络（RNN）、前馈神经网络（FNN）、生成对抗网络（GAN）等。2017 年，谷歌 Brain 团队创造性提出的开源神经网络架构 Transformer，奠定了大模型领域的主流算法基础，成为自然语言学习、计算机视觉的架构标准，因此 2017 年也被称为人工智能产业化元年；2018 年，谷歌推出基于 Transformer 的 BERT 模型，其参数量首次突破 3 亿，同年，美国人工智能公司 OpenAI 发布了基于 Transformer 的 GPT-1 模型。此后大模型迅速流行，参数呈现指数级增长，特别是 2022 年底"预训练+微调"的大模型有效解决了模型泛化能力不足的问题，模型精准度显著提升，开启新一轮的技术创新周期。

数据方面。数据资源化趋势逐步凸显，全球数据量实现指数级增长，大量完整、高质量的训练数据的支撑是深度学习算法高效可靠的基础。海量数据是大模型技术进步的燃料，人工智能模型参数多、训练数据量大，ChatGPT 使用的训练数据主要来自 Common Crawl、新闻、帖子、书籍及各种网页，囊括了 2021 年 9 月之前的全部互联网公开数据、维基百科数据、美国政府公开数据库数据，还包括 GitHub 等代码数据集、科技论坛和主要开源社区的技术交流信息与代码数据等，较第二代模型的训练参数增长超过 100 倍，数据规模增长超过 1000 倍。GPT-4 Turbo 更是将数据更新至 2023 年 4 月，预计 2024 年人工智能大模型的参数量将基本达到人脑神经突触数量。

三、产业政策

我国高度重视人工智能产业发展，持续加强顶层设计，出台多项政策文件，积极抢抓人工智能产业发展重大战略机遇。2017 年，国务院印发《新一代人工智能发展规划》，对人工智能发展作出战略性部署，并确立了"三步走"的战略目标，力争到 2030 年把我国建设成为世界主要人工智能创新中心。工业和信息化部随后印发《促进新一代人工智能产业发展三年行动计划（2018—2020 年）》。2022 年，科技部、教育部、工业和信息化部等六部门联合印发《关于加快场景创新 以人工智能高水平应用促进经济高质量发展的指导意见》，进一步落实规划，系统指导各地方和各主体加快人工智能场景应用，推动经济高质量发展。2023 年 4 月 28 日召开的中共中央政治局会议指出，要重视通用人工智能发展，营造创新生态，重视防范风险。2023 年 5 月 5 日，二十届中央财经委员会第一次会议强调要把握人工智能等新科技革命浪潮。2023 年 12 月召开的中央经济工作会议明确提出，要大力推进新型工业化，发展数字经济，加快推动人工智能发展。2024 年《政府工作报告》强调，深化大数据、人工智能等研发应用，开展"人工智能+"行动，打造具有国际竞争力的数字产业集群。

第二节　发展特点

一、颠覆性技术快速发展，推动感知智能向认知智能跃升

从技术角度来看，我国人工智能技术发展迅速，尤其是在大数据驱动知识学习、跨媒体认知学习和推理等方面取得了明显进展。此外，基于大数据的深度学习技术已成为当前人工智能的主流发展路径，在计算机视觉、自然语言处理、智能语音等技术领域实现了规模化应用。2023 年，生成式人工智能技术实现爆发式突破，经历"基础生成算法模型—深度学习模型—预训练模型—多模态技术"的迭代演进，预训练模型（即大模型）作为降低边际成本的核心，成为人工智能技术发展的范式变革，其以强大的数据处理、学习泛化与内容生成能力，改变了人工智能技术与应用的发展轨迹，推动感知智能向认知智能跃升。

二、超强算力、巨量算法、海量数据是人工智能技术突破的关键

超强算力是人工智能技术发展的基础，人工智能算法模型需要不断学习、应用、反馈及创新，对多元化算力需求巨大。以 GPT-3 为例，训练该类大型语言预测和生成模型预计消耗 3640 PFLOPS-day，约等于 64 个英伟达 A100 GPU 训练一年时间，算力成本高昂。巨量算法是人工智能技术创新的驱动，近期火爆的图像生成、音频生成、视频生成等技术

产品形态，本质是大模型由单纯的文本生成扩展至多模态/跨模态生成，算法架构的升级实现了内容范式的拓展。海量数据是人工智能技术进步的燃料，大模型参数多、训练数据量大，海量数据是训练算法精确性的关键。

三、产业呈现集群化发展态势，应用逐步渗透千行百业

2023 年，我国人工智能产业高速发展，表现出集群化发展态势，建设具有全球竞争力的人工智能产业集群成为地方发展的重要主题。我国现已创建 11 个国家人工智能创新应用先导区，不仅在国内形成了高效的产业链和创新生态系统，还在全球范围内展现出强大的竞争力和影响力，有力促进了人工智能和实体经济深度融合。例如，北京市、广东省和上海市在人工智能领域拥有大量的研发机构，产业集群效应显著地推动了技术创新和产业升级。应用层面，我国人工智能技术已经广泛应用于多个领域，包括但不限于个性化网购、智能汽车、营销、图像处理、社交媒体、监控、农业、客户服务、游戏、医疗保健、银行、智能家居和太空探索等。特别是在制造业中，人工智能已经彻底改变了流程与效率，如通过预测性维护提高生产效率，展示出人工智能在千行百业的应用潜力。

第十三章

汽车电子

第一节　发展情况

一、我国汽车电子市场增长势头迅猛

2023 年，我国汽车市场销量稳步上涨，电动化、智能化势头依旧强劲，新能源汽车渗透率提升迅速，L2 级辅助驾驶功能装车率快速增长。据相关数据，2023 年我国汽车产量为 3016.1 万辆，同比增长 11.6%，销量为 3009.4 万辆，同比增长 12%，产销量增长迅猛，皆创历史新高。全年整体市场销量呈"低开高走，逐步向好"的特点。其中，乘用车市场持续展现出强劲的增长势头，对稳固汽车消费的根基起到了关键作用；商用车市场逐步稳定并开始回暖，产销量恢复至 400 万辆的水平；新能源汽车发展势头依旧迅猛，产销量突破 900 万辆大关，市场份额超过 30%，在全球汽车产业转型升级中扮演了引领者的角色；汽车出口再创新高，全年出口量达 491 万辆，同比增长 57.9%，首次超过日本成为全球第一，有效拉动行业整体快速增长。同时，国家陆续出台促进汽车消费若干措施、汽车行业稳增长工作方案等政策，支持汽车电子行业稳定增长。2023 年，工业和信息化部先后印发《关于组织开展公共领域车辆全面电动化先行区试点工作的通知》《关于开展 2023 年新能源汽车下乡活动的通知》《汽车行业稳增长工作方案（2023—2024 年）》，提出试点推广新能源汽车，促进引导乡村新能源汽车消费，从供需两端发力，以高质量供给创造有效需求，推动汽车电子行业稳定增长。在智能

网联汽车标准和智能驾驶方面，工业和信息化部先后印发《国家车联网产业标准体系建设指南（智能网联汽车）（2023 版）》《关于开展智能网联汽车准入和上路通行试点工作的通知》，为汽车电子行业在标准建设及自动驾驶领域的技术应用提供政策保障。

二、汽车电子国产化替代成果显著

汽车电子产业链上游主要由各类汽车电子零部件及元器件厂商主导，产品包括传感器、处理器、显示屏、动力电池等；中游主要由系统集成商参与，对上游零部件及元器件进行整合，产品包括车辆联网系统、车辆控制系统、安全舒适系统、辅助驾驶系统等；下游以整车厂商为主，在产业链中拥有较高的议价权。我国汽车电子产业由于起步较晚，核心技术累积薄弱，技术标准相对落后，产品缺乏竞争力，长期以来本土厂商只能集中在中低端市场，中高端市场主要由博世、大陆、电装、德尔福、莫比斯和法雷奥等一批跨国公司所主导，占据了我国一半以上的市场。然而，随着本土汽车电子产业技术的不断成熟和国家政策的积极引导，我国头部厂商不断打破技术壁垒，成功进入国内外主要主机厂供应链体系，汽车电子产业国产化迎来进行时。国内多家汽车芯片龙头企业在不同领域分别取得了可观的市场份额。安世半导体功率器件出货量已稳居世界前十，兆易创新 MCU 出货量居全球第七，北京君正存储芯片也在全球市场中处于领先地位。数据显示，2023 年我国在激光雷达、通信模组、中控屏等领域的国产化水平较高，已超过 50%。在 ADAS、车载摄像头、连接器与线束、HUD 等领域，本土供应商市场份额持续提升。具体来看，高速连接器领域，罗森伯格、TE、安费诺、APTIV等国外厂商稳居全球第一梯队，国内厂商如电连技术、意华股份、立讯精密、徕木电子等正加速追赶以缩小差距。随着国内下游整车厂商的崛起，本土供应商凭借原材料和物流等成本优势获得更多市场份额，从而加速推进连接器的国产化替代和本土化生产。车身控制器领域，随着以埃泰克、欧菲、经纬恒润为代表的本土供应商强势突围，市场格局也在发生变化，其中，在国内自主品牌车型中，埃泰克在 2022—2023 年连续两年占据市场榜首，配套长安吉利、奇瑞、北汽、理想、长城、小鹏、一汽等一线品牌。

三、汽车智能化率不断提高

2023 年，智能驾驶、智能座舱、智能网联三大领域渗透率不断提升，汽车智能化趋势势不可当。2023 年，新能源乘用车 L2 级及以上的辅助驾驶功能装车率已经达到 55.3%，其中，在 20 万～50 万元价格区间车型中的渗透率均已经超过 85%。未来 10 万元以下的新能源汽车也将迎来 ADAS 的装配。新能源汽车俨然已经成为自动驾驶技术应用的主力军，新能源汽车渗透率的提高，也将推动自动驾驶行业的加速发展。2023 年，中国市场乘用车（不含进出口）前装标配 W/AR HUD 交付新车 225.43 万辆，同比增长 50.26%，渗透率首次突破 10%大关。2023 年 1—11 月，中国市场（不含进出口）乘用车前装标配各类尺寸显示屏合计 3106.38 万块，同比增长 21.22%，单车搭载显示屏 1.67 块。其中，前舱部分多联屏/一体大屏占比超过 10%；副驾屏搭载量超过 70 万辆，同比增长 174.55%；后座娱乐屏也正在起量。随着 2023 年 AI 技术的爆发，各大科技巨头也纷纷将目光重新转向自动驾驶之上，包括全栈自研自动驾驶技术；与自动驾驶解决方案企业进行合作；积极布局自动驾驶产业链上下游，如高精度地图建设等方面。

第二节　发展特点

一、国产汽车芯片企业努力抢夺市场

在过去几年时间里，汽车芯片成为全球半导体行业的一个重要增长点。随着汽车芯片遭遇全球性短缺，汽车芯片价格高涨，外加新能源汽车市场增长趋势下对车用芯片的需求前景，许多国内外芯片企业坚定投入汽车市场中。2023 年，国内芯片企业推出了许多汽车芯片新品，涵盖 MCU、模拟 IC、功率器件、SoC、传感器等各类产品。生产遵循 AEC-Q100 标准的产品已经成为主流 MCU 厂商的标准做法，在功能安全上，也有不少汽车 MCU 产品通过了 ISO 26262 最高等级 ASIL-D 认证。例如，杰发科技在 2023 年 8 月推出符合 ASIL-D 功能安全标准的高端车规 MCU AC7870x；旗芯微在 10 月发布新一代 ASIL-D 车规 MCU FC7240；云途半导体推出旗下首款支持 ASIL-D 功能安全等级认证的车

规 MCU YTM32B1H，可用于域控制器中；芯钛科技在 12 月宣布其车用 MCU TTA8 获得了 ASIL-D 功能安全等级认证。汽车芯片漫长的验证周期、较高的试验投入以及许多不可控的风险，在过去使许多国内芯片厂商面对汽车芯片望而却步。但 2020 年的"缺芯"给了国内供应商打进供应链的机会，经过一段时间的验证，2023 年国产车规芯片开始大规模导入车企并实现前装量产。数据显示，汽车芯片国产化率从过去的不到 5%，上升到 2023 年的 10%，进入汽车供应链的国产芯片数量在近几年增长较快。2023 年 8 月开始，汽车市场的价格战正式打响，上汽大众、零跑、特斯拉、奇瑞、哪吒、极氪等车企相继大幅降价，随着汽车芯片产能的逐渐恢复，包括芯片企业在内的上游供应商的利润被大幅压缩，竞争也将愈发激烈。

二、汽车电子占整车成本比重持续走高

随着汽车电动化、网联化、智能化持续渗透，汽车电子在自动驾驶、智能座舱等场景中的应用不断拓展，越来越多的控制功能被引入，汽车电子占整车成本的比重日益提高，尤其是中高端车型与新能源汽车中汽车电子的成本占比更高。数据显示，在我国低端汽车市场中，汽车电子在整车成本构成中的比重约为 15%；而在中高端汽车市场，这一比重提升至 28%；对于混合动力汽车（HEV）而言，汽车电子成本的比重增至 47%；在纯电动汽车（EV）的成本结构中，汽车电子占比高达 65%。一方面，在环保需求日益提升和新能源汽车购置税优惠政策的双重推动下，我国汽车市场产品逐渐转向中高档车型、混合动力车型及纯电动车型，单车电子零部件成本占比相较传统汽车至少翻倍，助推汽车电子成本不断走高；另一方面，随着汽车智能化趋势不断加速，域控制器、ADAS、HUD、T-Box 等各类高端软硬件配置加速向低端车渗透，带动汽车电子成本的进一步提升。此外，高性能芯片、人工智能、移动互联网、大数据等技术加速迭代演进也将带动汽车电子领域的技术不断升级，进而推动相关设备和系统的价值量不断提升，在整车成本中的占比不断增加。根据预测，到 2025 年，所有乘用车中汽车电子占整车成本的比重有望达到 60%，比 2020 年的 34.32% 提高近 26 个百分点。

三、智能座舱成为汽车智能化的主要竞争领域

智能座舱是消费者感知最直接、功能最丰富的部分，各厂商不断在智能座舱上试验新技术、新理念，使得智能座舱智能化竞争愈发激烈。电子后视镜行业标准落地，推动市场需求爆发。我国《机动车辆间接视野装置性能和安装要求》（GB 15084）于 2023 年 7 月 1 日正式实施，该国家标准新增了"摄像机-监视器系统（CMS）""视镜和 CMS 双功能系统"等内容，意味着汽车可以配备电子后视镜来代替传统光学后视镜。小鹏汽车等厂商已开始研发搭载 CMS 的新车型。驾驶员状态监测系统（DMS）受政策影响市场将不断增长。随着《智能网联汽车生产企业及产品准入管理指南（试行）》《驾驶员注意力监测系统性能要求及试验方法》等政策的正式实施，DMS 等系统的搭载率将持续增长。同时，主机厂加大 DMS 的搭载力度，价格继续下沉。车载显示面板向着大屏化、多屏化的趋势发展，单车屏幕数持续提升。近年来，消费者可以明显感知到以汽车中控屏为代表的车载显示屏不断增大，无论是造车新势力还是老牌厂商都将大屏化作为提升车辆豪华感的重要手段。数据显示，2023 年上半年中国市场乘用车中控屏的平均尺寸超 10.5 英寸，其中新能源乘用车和燃油乘用车中控屏的平均尺寸分别为 13.8 英寸和 10.2 英寸，同比分别增加 0.4 英寸和 0.3 英寸。整车品牌日益重视车载声学系统，以提升品质感、豪华感。随着竞争加剧，整车厂商越来越重视通过可感知的功能提升产品差异性，在新车销售中明显开始将车载声学系统作为吸引消费者的重要因素。由此拉动车载声学系统持续升级，一个直观的指标就是单车搭载的扬声器数量持续增加。单车扬声器配置数在主流车型中处于 6～10 只水平，整体配置数量与价格明显正相关，而与动力类型、车系等关系不大。

第十四章

锂离子电池

第一节　发展情况

一、产业规模

据工业和信息化部数据，2023 年，我国锂离子电池行业坚持供给侧结构性改革，加快技术创新和转型升级发展，不断提升先进产品供给能力，总体保持快速增长态势。

一是产业规模不断扩大。2023 年，我国锂离子电池产业延续增长态势，行业总产值超过 1.4 万亿元（见图 14-1）。其中，正极材料、负极材料、隔膜、电解液等一阶材料产量分别达到 230 万吨、165 万吨、150 亿平方米、100 万吨，增幅均在 15%以上。碳酸锂、氢氧化锂等二阶材料产量分别约 46.3 万吨、28.5 万吨。全年锂离子电池行业产品价格出现明显下降，电芯、电池级锂盐价格降幅分别超过 50%、70%。电池级碳酸锂、电池级氢氧化锂（微粉级）均价分别为 25.8 万元/吨和 27.3 万元/吨。

二是技术创新步伐加快，先进产品层出不穷。骨干企业围绕材料创新、电池结构创新、制造工艺创新以及回收技术创新等方向加快布局，先进电池产品能量密度指标持续提升，高比能、高安全的凝聚态电池、超快充电池、钠离子电池等先进产品接连量产发布。

三是锂离子电池进出口增速分化，贸易顺差继续保持增长。2023年，我国锂离子电池出口约 36.2 亿只，同比下降约 4%；出口金额约 650

亿美元，同比增长约 28%，延续增长态势；出口平均单价继续提升，2023年我国锂离子电池出口平均单价达到 17.9 美元/只，较 2022 年的 13.5美元/只提高了约 33%。进口量额均出现小幅下降，2023 年我国锂离子电池进口约 8 亿只，同比下降约 28%；进口金额约 24 亿美元，同比下降约 19%；进口平均单价约 3 美元/只，较 2022 年的 2.6 美元/只同比增长约 15%。2023 年，我国锂离子电池贸易顺差进一步扩大至约 626 亿美元（见图 14-2），较 2022 年的 479.45 亿美元增长约 31%。

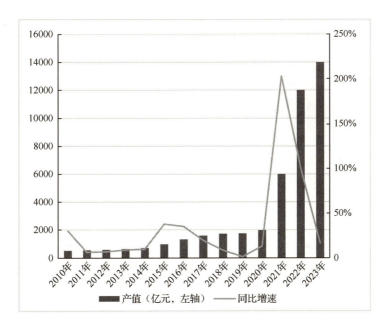

图 14-1　2010—2023 年我国锂离子电池年产值和同比增速
（数据来源：工业和信息化部）

二、产业结构

2023 年，我国锂离子电池累计产量为 214.2 亿只，同比增长 7.53%（见图 14-3）；出货量达到 940GW·h，同比增长 25%，离 TW·h 级别仅一步之遥。产业结构方面，2023 年，我国汽车动力电池产量为675GW·h，储能电池产量为 185GW·h，消费型锂离子电池产量为80GW·h，锂离子电池装机量（含新能源汽车、新型储能）超过 435GW·h。

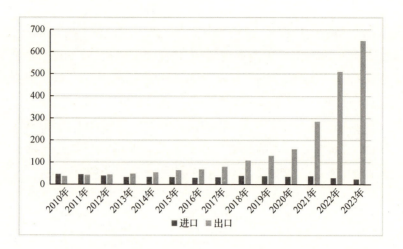

图 14-2 2010—2023 年我国锂离子电池进出口贸易额（亿美元）

（数据来源：海关总署）

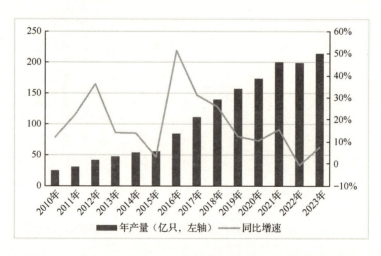

图 14-3 2010—2023 年我国锂离子电池年产量和同比增速

（数据来源：国家统计局）

第二节　发展特点

一、各类新型电池技术齐头并进，加速开拓产业发展新市场

从短期看，锂离子电池行业主要通过现有材料体系的迭代升级和结

构革新推动能量密度提升，实现降本增效。正负极材料是决定动力电池能量密度的核心因素，正极材料的突破最有可能带来动力电池能量密度颠覆性的提升。中短期内正极材料仍将维持磷酸铁锂和三元材料并行的格局，并在当前化学体系基础上进行技术迭代。结构革新是除材料迭代外另一条重要的技术发展路径。在已实现成熟应用的锂离子电池材料体系下，企业在电芯、模组、封装方式等方面持续改进、精简，以提升电池的系统性能，如比亚迪刀片电池、宁德时代 CTP 技术等。从中期看，锂离子电池发展受锂资源制约，钠离子电池已成为重要的备选路线，实现产业化后将与锂离子电池形成互补的发展格局。钠离子电池在资源丰富度和成本上具备显著优势，但因其化学体系在能量密度上的局限，在乘用车动力电池领域目前难以撼动锂离子电池的地位，可在低能量密度要求或中低端场景中替代锂离子电池，预计未来将率先在储能、低速车等场景中实现规模化商业应用。从长期看，电池不断降低电解液含量向固态电池发展是大势所趋。固态电池相较于传统液态电池在能量密度和安全性方面的优势明显，企业积极布局固态电池技术，目前行业进度处于半固态向全固态发展的阶段。

二、动力电池产业爆发式增长后迎来高质量发展新要求

从需求端来看，全球动力电池行业正面临行业蓬勃发展的重大机遇，市场规模快速增长，预计到 2025 年市场规模将超过 14000 亿元。但从供给端看，动力电池产量迅猛增长，2023 年底我国动力电池企业已建成产能接近 2000GW·h，而当年国内动力电池产量约 680GW·h，总体产能利用率低于 40%。市场对"量"的需求得到满足，产业发展向对"质"的要求迁移。行业竞争日益激烈，寡头垄断竞争格局基本形成，预计未来市场集中度仍将进一步提升。在这种供需格局下，产业安全、资源可控、产能部署、绿色低碳成为新阶段产业发展的关键所在。

三、政策驱动锂电储能产业进入规模化发展新阶段

多层级、多场景政策全面驱动锂电储能需求持续增长。国家发展改革委、国家能源局印发的《关于加快推动新型储能发展的指导意见》提

出，到 2025 年新型储能装机规模达 30GW 以上；山东、江苏、浙江、福建、广西、内蒙古、宁夏等二十余省份发布新能源配置储能政策，带动新型储能市场需求加速增长。新型储能市场增长迅速，锂电储能占主导地位。据中国化学与物理电源行业协会数据，2023 年全球储能新增装机量约 48.6GW，其中，新型储能新增装机量约 42.0GW，占比为 86.4%，是传统抽水蓄能新增装机量的 7.02 倍；在新型储能新增装机中，锂电储能占比为 92.7%。2023 年我国储能新增装机量约 26.6GW，其中，新型储能新增装机量约 22.6GW，占比为 85.0%，同比增长 260%；在新型储能新增装机中，锂电储能占比为 94.9%。

智能传感器

传感器作为信息技术的三大支柱之一，是连接物理世界和数字世界的桥梁。20 世纪中叶以来，全球传感器技术可以分为结构型传感器、固体型传感器、智能型传感器三大发展阶段。作为微型计算机技术与检测技术相结合的产物，智能传感器兼具信息采集、信息处理、信息交换、信息存储等多种功能，是集传感器、通信芯片微处理器、驱动程序、软件算法等于一体的系统级产品，构成了数字时代的感知底座，为实现万物互联提供了重要的技术支撑。

第一节　发展情况

一、产业现状

近年来，随着新能源汽车、工业自动化、物联网、智能家居等新兴领域的迅速崛起，新的智能化、数字化转型需求不断催生，带动全球智能传感器市场规模持续增长。数据显示，2023 年全球智能传感器市场规模约为 468.9 亿美元，同比增长 12.5%，预计到 2025 年全球智能传感器市场规模将达 572.5 亿美元。其中，欧洲、美国、日本等地凭借深厚的产业技术基础和完善的产业链配套优势，几乎垄断了全球高端智能传感器市场，占据全球智能传感器市场九成以上份额，占比分别为 43.3%、29.7%、19.8%，是全球智能传感器最主要的生产基地。与此同时，得益于政策的大力扶持、应用场景的不断丰富，叠加国产化替代的持续推进，我国智能传感器市场规模正以 10%～20% 的增速迅速壮大，2023 年我国智能传感器市场规模约增长至 1336.2 亿元，预计到 2025 年有望达到 1795.5 亿元。

二、产业链分析

近年来，我国智能传感器产业已经逐步形成从上游半导体材料和设备、产品设计，到中游加工制造、封装测试，再到下游消费电子、汽车电子、工业电子等终端应用的完整产业链。其中，**产业链上游环节**，我国在半导体材料和设备领域起步较晚但发展迅速，已涌现有研新材、江丰电子、沪硅产业、北方华创、盛美半导体、北仪创新等一批代表性企业，逐步实现中低端产品的国产化；产品设计方面，部分龙头企业产品设计能力已达到世界一流水平，硅麦克风等新兴产品设计能力与国外差距逐渐缩小，但在设计工具软件方面仍有较大欠缺，Conventor、IntelliSuite、COMSOL、ANSYS 等国外传感器 EDA 设计软件几乎垄断国内市场，我国尚未出现一套具有自主知识产权的成熟智能传感器设计软件。**产业链中游环节**，我国传感器封装测试产业处于国际领先水平，中国大陆封装测试厂商在全球化竞争中已占据重要地位，长电科技、通富微电和华天科技三家龙头厂商稳居行业营收前十；加工制造是我国智能传感器产业相对薄弱的环节，我国智能传感器设计生产以无工厂芯片供应商（Fabless）模式为主，但先进代工厂较为稀缺制约了产业发展，近年来我国正持续加快 MEMS 先进生产线布局，8 英寸逐步成为主流尺寸并开始向 12 英寸演进，如国家智能传感器创新中心实现了国内首条 12 英寸先进传感器中试线成功通线，赛微电子积极布局建设 12 英寸 MEMS 生产线等。**产业链下游环节**，智能传感器四大主要应用领域分别为消费电子、汽车电子、工业电子和医疗电子。从全球看，消费电子是智能传感器市场规模最大的应用领域，占比近 2/3，其次是汽车电子领域；从国内看，我国是全球最大的智能传感器应用市场，目前在消费电子、汽车电子、工业电子、医疗电子四大领域市场结构较为均衡，未来随着自动驾驶技术和 5G 技术的高速发展，汽车电子、通信电子领域有望成为我国最具发展潜力的智能传感器细分市场。

三、产业格局

从全球竞争格局看，智能传感器市场主要由英飞凌、爱默生、西门子、博世、意法半导体、霍尼韦尔、横河电机、欧姆龙等美、日、欧跨国公司主导；我国智能传感器产业规模小，国产厂商供给能力不足，国产化率仅30%左右，尤其是高端智能传感器产品对外依存度高，约80%的高端芯片依赖国外进口，剩余份额也仅集中在歌尔股份、高德红外、汉威科技等上市公司手中。智能传感器产业技术壁垒较高，细分环节多而分散，欧美厂商凭借以垂直整合制造（IDM）为主的商业模式推动设计、制造等环节协同优化，加快智能传感器技术突破，占据垄断地位；而我国智能传感器企业以无工厂芯片供应商（Fabless）模式为主，严重依赖国外先进代工厂，缺乏自主的IDM企业。

从国内区域布局看，我国智能传感器产业主要集中在沿海经济发达地区，数据显示，截至2023年11月，我国智能传感器相关企业数量达1.7万余家，其中，国家级专精特新"小巨人"企业140家，专精特新中小企业255家。华东地区拥有国内最大规模的传感器产业集群，智能传感器企业数量最多，占全国的42.5%，主要分布于江苏、浙江、上海等地，其中，江苏2646家，浙江1299家，上海1092家。同时，华东地区还是硬件传感器、软件开发及系统集成企业的主要聚集地和应用推广地，是MEMS产业研发设计和制造中心，逐步形成了技术研发、芯片制造方面的产业优势。中南地区智能传感器企业数量次之，占全国的36.2%，其中，广东是我国智能传感器企业数量最多的省份，高达4565家。华北地区智能传感器企业数量占比为7.7%，其中北京370家，并且以北京为核心集聚了一批从事新型智能传感器研发的高校和科研院所，如北京大学已经建立微米/纳米加工技术国家级重点实验室，海创微芯和清华大学微米纳米技术研究中心联合创办北京雁栖湖智能传感器研究院，致力于从源头填补我国在高端仪器和传感器领域某些技术空白，持续推动智能传感器技术创新，提高智能传感器领域的工艺水平和产业化能力。

四、产业创新

近年来，我国高度重视智能传感器产业创新，先后在《基础电子元器件产业发展行动计划（2021—2023 年）》《关于支持建设新一代人工智能示范应用场景的通知》《产业结构调整指导目录（2023）》等系列文件中鼓励和支持智能传感器行业的发展。2023 年 6 月，科技部发布了国家重点研发计划"智能传感器"重点专项，围绕智能传感基础及前沿技术、传感器敏感元件关键技术、谱系化智能传感器及系统应用、传感器研发支撑平台 4 个技术方向拟启动 35 项指南任务，拟安排国拨经费 4.76 亿元。从创新成果看，2019—2023 年，全球智能传感器专利申请人数量及专利申请量始终呈现增长态势，其中我国是智能传感器专利申请第一大国，专利申请量占全球的 45.65%；其次是美国，专利申请量占比为 26%。从国内创新情况看，广东、江苏、北京为我国智能传感器创新研发最活跃地区，累计智能传感器专利申请数量均超过 5000 项，其中广东省智能传感器专利申请数量最多，高达 10901 项。

第二节　发展特点

一、多元化应用场景持续催生需求，带来智能传感器产业发展黄金期

随着全面智能化时代到来，智能座舱、人形机器人、新型可穿戴设备、智能家居、智慧康养等新赛道新领域也为智能传感器发展带来了无限机遇，持续带动传感器需求。汽车领域，自动驾驶和智能座舱等技术迭代升级，带动车身与环境感知类传感器的需求量快速增长，例如小米首款汽车 SU7 搭载多达 27 个环境感知传感器，预计未来整车使用的传感器数量将达到数百个。工业应用领域，智慧工厂建设和工业机器人的市场增长，带动了智能传感器需求，预计 2024 年，全球工业机器人使用规模将增至 51.8 万台，我国工业传感器市场规模也将突破 500 亿元。消费电子领域，智能手机、智能手表、VR 耳机、活动追踪器等智能可穿戴设备与人工智能、物联网等先进技术相结合，使用了大量智能传感

器，如智能手环中集成了心率传感器、ECG 心电传感器、压力传感器、惯性传感器等多种传感器，实现运动监测、睡眠监测、血压监测等多种健康功能。未来，随着人形机器人、脑机接口、AI 重构等新科技风口不断涌现，有望进一步带动智能传感器产业市场继续升温。

二、我国 MEMS 生产线密集建设投产，助力智能传感器国产化进程

"十四五"以来，全国各地纷纷出台系列政策支持 MEMS 及智能传感器产业的建设，新建智能传感器产业园、传感谷等，尤其是 2023 年我国迎来 MEMS 产业建设高峰期，多地智能传感器产业园的 MEMS 生产线相继落成。例如，深圳首条 MEMS 中试线落地，济南首条 MEMS 生产线建成，拜安传感国内首条 MEMS 光纤传感器芯片生产线建成，美新半导体绍兴 MEMS 生产线投产，奥松电子 8 英寸 MEMS 新生产线动工，等等。2024 年，我国多条在建 MEMS 生产线陆续投产，其中，广州增芯 12 英寸智能传感器及特色工艺晶圆生产线项目第一期于 2024 年 6 月通线，粤港澳大湾区产能 3000 片的 8 英寸 MEMS 中试线项目在 2024 年 6 月投产。各地高质量 MEMS 中试线、量产线相继投产建设，将助推建立 MEMS 共性基础工艺生产体系，提升国产传感器企业 MEMS 工艺研发和迭代能力，有望带动各地智能传感器产业的发展从政策制定阶段全面转入执行落地阶段，加速我国智能传感器国产化进程。

三、多传感器融合感知方案成主流，国产激光雷达迎来爆发式增长

近年来，伴随着自动驾驶技术不断向高阶演进，摄像头、毫米波雷达、激光雷达等智能传感器作为汽车的"感官"，其重要性日益凸显。基于多传感器融合的感知方案以摄像头、超声波雷达、毫米波雷达及激光雷达等多种传感器协同配合来感知外界信息，可以显著提高驾驶系统的冗余度和容错性，确保决策高效准确，正逐渐成为自动驾驶的主流方案。作为汽车智能驾驶最重要的传感器，激光雷达被认为是 L3 级以上自动驾驶的必备传感器，预计随着汽车自动化水平提升，L3、L4 和 L5

级别自动驾驶或分别需要平均搭载 1 颗、2～3 颗和 4～6 颗激光雷达。2023 年，国产激光雷达迎来商用爆发期，远远领先国外。数据显示，2023 年，我国激光雷达企业禾赛科技连续四个季度营收和交付量均超过 6 家国际上市企业总和，于 2 月在美国纳斯达克上市，成为中国"激光雷达第一股"；图达通 1—11 月高性能车载激光雷达累计交付量突破 20 万颗，于 8 月在美国上市；速腾聚创 1—10 月车载激光雷达总销量近 12.2 万颗，于 2024 年 1 月上市；北醒光子、镭神智能、探维科技、北科天绘等激光雷达企业获得超亿元融资。截至 2023 年第三季度，已有 36 家中国车企宣布使用激光雷达，预计未来将有高达 106 款搭载激光雷达的车型上市，占全球同期预计发布搭载激光雷达新车型总数量的近 90%。同时，随着车载激光雷达量产爆发，市场份额将加速向头部企业集中，激光雷达领域有望迎来全球"卡位战"。

第十六章

数据中心

第一节　发展情况

一、产业情况

我国数据中心机架规模持续稳步增长，大型以上数据中心规模增长迅速。数据中心是全球协作的特定设备网络，用来在网络基础设施上传递、加速、展示、计算、存储数据信息。按服务对象分类，数据中心可分为国家数据中心、互联网数据中心（Internet Data Center，IDC）和企业数据中心；按规模大小分类，数据中心可分为超大型、大型和中小型。按照标准机架 2.5kW 统计，截至 2021 年底，我国在用数据中心机架规模达到 520 万架，近五年年均复合增速超过 30%。其中，大型以上数据中心机架规模增长更为突出，机架规模为 420 万架，占比达到 80%。

产业政策多措并举，推进数据中心行业发展与创新。近年来，国家陆续出台了多项政策，鼓励数据中心行业发展与创新。《"数据要素×"三年行动计划（2024—2026 年）》《关于深入实施"东数西算"工程加快构建全国一体化算力网的实施意见》《关于规范实施政府和社会资本合作新机制的指导意见》等产业政策为数据中心行业的发展提供了明确、广阔的市场前景。

数据中心建设低碳化进程有望加快，全国数据中心能效水平不断提升。近年来，数据中心用电量和二氧化碳排放量处于增长态势。根据中国数据中心工作组 CDCC 数据，预计到 2025 年，全国数据中心用电量将达到 1200 亿千瓦时，二氧化碳排放量将达到 10000 万吨，约占全国排放总量的 1.23%。针对全国数据中心 PUE（Power Usage Effectiveness，能源利用效率）和可再生能源使用水平均较低的现状，"十四五"相关规划提出了明确改进目标。"东数西算"政策明确要求到 2025 年，东部枢纽节点数据中心 PUE < 1.25，西部枢纽节点数据中心 PUE < 1.2，液冷等新技术嵌入加速普及。在各大节点绿色节能示范工程实施推动下，数据中心建设低碳化进程有望进一步加快。

二、市场结构

国内数据中心市场以基础电信运营商、第三方服务商[①]为主要参与者，部分云服务商开展传统 IDC 业务。基础电信运营商主要依托自身规模经济优势，拥有强大的资本实力、较低的融资成本，以及客户、带宽、机房等资源优势，在市场竞争中占据优势地位。三大基础电信运营商持续多年占据中国 IDC 市场的主导地位。第三方服务商多为民营企业，扩张能力相对基础电信运营商有限，但在客制个性化服务与一系列定制增值服务上存在优势，能够在高端市场需求上进行竞争，行业竞争较为充分，市场集中度高，龙头效应显著，代表企业有万国数据、世纪互联、数据港等。以阿里云、华为云、腾讯云为代表的云服务商，也围绕云服务自建数据中心开展传统 IDC 业务。我国 IDC 企业竞争格局中，中国电信、中国移动、中国联通三大基础电信运营商的市场份额位列前三，紧随其后的是属于第三方服务商的世纪互联和万国数据。

数据中心行业企业中，基础电信运营商依靠其垄断地位获得行业先发优势，目前中国电信已发展成为国内市场规模最大的数据中心运营商。数据港提供数据中心定制、全生命周期解决方案、云服务等产品，是国内领先的云计算数据中心服务提供商。宝信软件旗下宝之云作为服务政企客户的专业云服务商，提供从 IDC 托管到 IaaS、PaaS、SaaS 的全层次云服务。光环新网是一家数据中心及云计算服务提供商，其主营

---

① 第三方服务商是指提供机柜租用、带宽租用、主机托管、代理运维等数据中心服务的企业。

业务为互联网数据中心服务及其增值服务、云计算服务、互联网宽带接入服务以及其他互联网综合服务,为数字化转型中的中国企业提供全栈数字基础设施综合服务。世纪互联是全球具有重要影响力的网络空间基础设施服务提供商之一,是中国第一家美股数据中心上市公司。

第三方服务商快速崛起。第三方服务商通常支持多网络链路接入,在机房定制化能力、核心区位布局及跨区域服务等方面都更具优势。目前,绑定大客户模式为第三方服务商的重点经营导向,各头部服务商均与下游客户形成了较深的合作绑定关系。根据 IDC 数据,2023 年三大基础电信运营商合计市场份额已由 2022 年的 60.2%下降至 2023 年的 56.9%。而 TOP5 第三方服务商市场份额则从 2022 年的 48.8%提升至 2023 年的 51.3%,市场占有率进一步提升。

三、创新进展

国家高度重视数字基础设施建设和发展,出台系列政策推进数字基础设施体系化发展和规模化部署,夯实 AI 产业发展基础,为 AI 赋能经济社会指引方向。2023 年 10 月 8 日,工业和信息化部等六部门联合印发《算力基础设施高质量发展行动计划》,推动集约化开展智算中心建设,逐步合理提升智算占比。根据国家工业信息安全发展研究中心发布的《智能计算中心 2.0 时代展望报告》,截至 2023 年末,全国有超过 50 个城市正在建设或提出建设智算中心。作为算力关键承载底座,数据中心将加速向算力中心演进。同时,数字经济带动算力需求爆发式增长。一是生成式 AI 带动算力需求翻数倍,生成式 AI 与元宇宙等新型业态将带动智算应用场景在未来 3~5 年持续爆发式增长。二是我国算力及服务器供给持续扩大,从供给端看,算力规模持续增长,我国服务器出货量稳定增长;从需求端看,AI 技术的不断发展和应用的不断落地,将驱动市场对 AI 服务器的需求上升,初步预测到 2025 年,中国 AI 服务器市场出货量将达到 50 万台以上,复合增长率超 20%。

技术革新叠加市场需求转变,催化传统 IDC 中心向智算中心改造,带来新的挑战。一是改造导致机柜功率、制冷模式宽幅变化,配置的算力设备由单机柜功率 8kW 以下风冷通用算力设备升级至 60kW 以上液冷智算设备。智算设备较通用算力设备功率密度增加 20 倍以上,且需要通过风液混合或全液冷等方式进行制冷。二是客户流动常态化，建设方案差异化，机柜功率需求、制冷量需求呈现定制化、多要素的特征。客户流动性及不同客户建设方案的差异性，对数据中心供电方案、制冷模式提出了更高要求。

推进绿色低碳转型，加速节能高效数据中心改造趋势。智算中心建造主要分为传统数据中心改造成为新智算中心，以及新智算中心的建设与投产。以建设于 2002 年的河南郑州二长数据中心为例，在传统老旧机房的基础上，中兴通讯等多方合作，完成绿色、低碳、高效、节能的数据中心改造，改造规模近 2 亿元。主要进行了高等级机房改造、安全用电保障改造与优质网络部署服务改造。建成有 2kW/4kW/6kW 机柜，承载着国家级干线传输、中国联通核心网、IDC 业务、中部大区项目，总机架数量 1766 架，出口带宽 3600G，形成高吞吐量、无阻塞的数据交换网络。

第二节　发展特点

一、全球数据中心向算力中心演变

全球数据中心形态从计算中心、信息中心、云中心加快向算力中心演变，以融合新技术推动数据中心整合、升级、云化为主要特征。计算中心阶段，数据中心数量有限，主要服务于政府和科研领域，商业应用较少。随着互联网迅速发展，服务器、主机等互联网设备集中部署和维护需求大幅上升，促使主机托管和网站托管等业务需求增长，数据中心市场主要由基础电信运营商主导。信息中心阶段，美国于 2010 年出台《数据中心整合计划》，旨在减少依赖成本高昂且效率低下的老旧数据中心。此阶段，数据中心的概念得到拓展，特点是大规模化、虚拟化和综合化服务供应，尤其是随着云计算技术的引入，数据中心服务超越了传统的机柜租赁、带宽共享等，更加注重虚拟化的存储与计算能力，以及设备的综合性维护和管理。云中心阶段，美国政府实施国家战略计算计划和相关战略规划，逐步建立云计算发展的战略框架，出现了对集中云服务的高需求，市场供应方面呈现出基础电信运营商、第三方服务商和跨界企业等多元化竞争态势。算力中心阶段，2019 年后全球数据中心行业进入了以算力为中心的全新发展阶段，云计算、大数据、AI 等计算技术的快速发展，推动云存储和智算需求快速增长。数据中心用户需求向绿色化、智能化的算力解决方案转变。依托灵活的运营和精细化管理，提供"绿色数据中心+智能云"一体化解决方案的第三方服务商迅速崛起。

二、工业和信息化部：全面取消制造业领域外资准入限制，试点开放互联网数据中心

2024 年 3 月 8 日，据上观新闻，工业和信息化部部长金壮龙在十四届全国人大采访中表示，推进新型工业化要进一步深化改革、扩大开放。今年将全面取消制造业领域外资准入限制措施，也准备试点开放互联网数据中心等电信增值服务。

此前我国云服务和 IDC 建设都没有对外开放，海外厂商唯一能够参与国内 IDC 市场的方式是在香港拿到 CEPA 协议，通过成立合资公司来获得开展云服务和数据中心业务的许可证。目前运作成功并在国内落地正式商用的仅有微软 Windows Azure 以及亚马逊 AWS 中国区有限预览服务。这主要是由于以下两点原因。一是海外厂商难以获得数据中心等电信业务增值牌照。2012 年重启发放牌照之后，阿里、华为、浪潮信息等一批国内互联网和 IT 厂商相继获得了持牌资格。而根据《外商投资电信企业管理规定》与《外商投资准入特别管理措施（负面清单）（2019 年版）》要求，基础电信业务须由中方控股，同时外商投资增值电信业务的所占股比不超过 50%，这将主导权留在国内资本手中，并且往往只有国内的互联网数据中心服务企业能够真正落地牌照。二是合规周期长、要求高。以亚马逊的云计算服务 AWS 为例，从 2013 年提出"前店后厂"模式，到 2017 年末 AWS 中国宁夏区域的开放，整个过程花费了四年的时间。中国信息通信研究院产业与规划研究所副主任高级工程师胡海波指出，目前云计算和 IDC 市场的发展还处于初级阶段。不论是国内企业的国际拓展，还是外国企业的进入，真正的标准、规范、监管以及市场准入要求还未统一。

第十七章

智能安防

2023 年，智能安防行业经历了新一轮的市场变化。三年的新冠疫情，对安防行业产值增速造成极大冲击。三年低迷，今年迎来了曙光，整个行业也焕发了新的生机。随着顶层设计对智能安防、物联网行业的高度重视，一系列关于数字化改造升级、加强网络安全立法、鼓励企业研发创新、支持智慧城市建设等的政策措施及标准规范出台，为市场提供良好的发展环境。与此同时，行业大模型、多模态等技术创新发展，为智能安防市场带来巨大的潜力和机遇，引领行业蓬勃发展和变革浪潮。

第一节 发展情况

一、2023 年全球安防市场情况概览

在 A&S 发布的 2023 年全球安防 50 强榜单中，中国有 20 家企业入围，上榜企业数位居全球第一，其中台湾地区有 6 家企业入围。其次，韩国有 9 家，美国有 6 家，日本有 3 家，瑞典、英国各有 2 家，巴西、印度、丹麦等 8 个国家各有 1 家。榜单前 10 名中有 4 家中国企业。海康威视仍居首位，大华股份位居第二，这两家企业凭借强大的技术实力和优秀的市场表现，成为全球安防领域的佼佼者；天地伟业仍排第七位；宇视科技从第六的位置跌落到第九位。2022—2023 年全球安防 50 强企业排名情况见表 17-1。

2023 年全球安防 50 强榜单中的上榜企业在 2022 年共实现营业收

入 289.04 亿美元，比 2022 年上榜企业总营收减少了 1.86 亿美元；50 强企业入围门槛为 830 万美元。从销售规模来看，全球安防 50 强企业中有 5 家企业销售收入突破 10 亿美元，其中海康威视销售收入达 97.88 亿美元，遥遥领先其他企业。有 22 家企业销售收入在 1 亿～10 亿美元之间；有 10 家企业销售收入在 5000 万～1 亿美元之间；13 家企业销售收入在 5000 美元万以下。

表 17-1　2022—2023 年全球安防 50 强企业排名情况

| 排名 | | 企业 | 国家或地区 | 主要产品 | 总营收/百万美元 | | 营收增长 |
2023年	2022年				2022年	2021年	2021—2022年
1	1	海康威视	中国大陆	多元化	9788.00	9679.90	1.10%
2	2	大华股份	中国大陆	多元化	4541.70	4879.00	−6.90%
3	3	亚萨合莱	瑞典	出入口控制	3580.10	2815.90	27.10%
4	4	安讯士	瑞典	多元化	1572.00	1155.80	36.00%
5	5	摩托罗拉解决方案	美国	多元化	1523.00	1226.00	24.20%
6	8	安朗杰	美国	进入系统	850.70	602.20	41.30%
7	7	天地伟业	中国大陆	视频监控	805.80	791.10	1.90%
8	9	韩华泰科	韩国	视频监控	775.90	526.00	47.50%
9	6	宇视科技	中国大陆	视频监控	762.00	902.40	−15.60%
10	10	爱峰	日本	对讲机	401.70	395.50	1.60%
11	13	INTELBRAS	巴西	多元化	374.10	305.80	22.30%
12	17	晶睿通信	中国台湾	视频监控	333.70	182.90	82.50%
13	15	CP PLUS	印度	视频监控	292.10	209.70	39.30%
14	12	熵基科技	中国大陆	多元化	285.10	290.50	−1.90%

续表

排名		企业	国家或地区	主要产品	总营收/百万美元		营收增长
2023年	2022年				2022年	2021年	2021—2022年
15	11	宇瞳光学	中国大陆	视频监控（镜头）	274.30	306.40	−10.50%
16	18	MILESTONE SYSTEMS	丹麦	视频监控	210.30	161.20	30.40%
17	19	NEDAP	荷兰	多元化	167.80	156.10	7.50%
18	21	IDIS	韩国	视频监控	164.20	134.40	22.20%
19	14	英飞拓	中国大陆	视频监控	153.70	235.50	−34.70%
20	20	同为数码科技	中国大陆	视频监控	144.20	149.10	−3.30%
21	26	纳普科	美国	多元化	143.60	114.00	25.90%
22	24	OPTEX	日本	入侵检测	122.20	103.90	17.70%
23	25	科迈世	韩国	家庭安全与自动化	120.80	109.50	10.30%
24	23	安联锐视	中国大陆	视频监控	118.00	128.90	−8.50%
25	16	科达	中国大陆	视频监控	115.50	193.20	−40.20%
26	30	IDENTIV	美国	出入口控制	112.90	103.80	8.80%
27	27	GALLAGHER	新西兰	出入口控制	112.40	101.40	10.90%
28	32	施普玛	韩国	出入口控制	94.30	80.10	17.80%
29	35	力鼎光电	中国大陆	视频监控（镜头）	86.90	74.40	16.80%
30	33	TAMRON (SURVEILLANCE & FA LENSES)	日本	视频监控（镜头）	85.50	71.20	20.00%

续表

排名		企业	国家或地区	主要产品	总营收/百万美元		营收增长
2023年	2022年				2022年	2021年	2021—2022年
31	N/A	MEARI	中国大陆	家庭安全与自动化	82.20	82.50	-0.40%
32	34	科高姆	韩国	家庭安全与自动化	73.80	71.70	2.80%
33	37	福特科光电	中国大陆	视频监控（镜头）	67.30	67.70	-0.60%
34	38	蓝色星际	中国大陆	视频监控	62.40	60.10	3.80%
35	36	MOBOTIX	德国	视频监控	58.90	65.60	-10.20%
36	39	彩富电子	中国台湾	视频监控	58.60	57.30	2.30%
37	40	COSTAR TECHNOLOGIES	美国	视频监控	54.20	52.90	2.40%
38	48	EVOLV TECHNOLOGY	美国	检查系统	49.60	21.80	127.60%
39	42	奇偶科技	中国台湾	视频监控	44.20	41.80	5.80%
40	44	升锐电子	中国台湾	视频监控	35.90	31.30	15.00%
41	N/A	UNION COMMUNITY	韩国	进入系统	35.70	30.20	18.30%
42	43	SENSTAR TECHNOLOGIES	以色列	多元化	35.60	34.90	1.80%
43	41	C-PRO ELECTRONICS	韩国	视频监控	34.10	40.40	-15.60%
44	45	SYNECTICS (SYSTEM DIVISION)	英国	视频监控	29.80	25.50	17.10%
45	46	ITX SECURITY	韩国	视频监控	20.60	24.30	-15.10%

续表

| 排名 | | 企业 | 国家或地区 | 主要产品 | 总营收/百万美元 | | 营收增长 |
2023 年	2022 年				2022 年	2021 年	2021—2022 年
46	52	ACTI	中国台湾	视频监控	15.70	14.70	6.90%
47	N/A	THRUVISION	英国	人体扫描	15.30	10.30	48.50%
48	49	AVA GROUP	澳大利亚	多元化	13.40	18.00	−25.70%
49	N/A	EVERFOCUS ELECTRONICS	中国台湾	视频监控	10.90	12.60	−13.90%
50	47	HITRON SYSTEMS	韩国	视频监控	8.30	21.30	−60.80%

数据来源：a&s，赛迪智库整理，2024 年 5 月。

二、2023 年国内智能安防行业发展情况

据深圳市安全防范行业协会、中安网及乾坤公共安全研究院对 2023 年安防行业的调查统计数据，2023 年全国安防行业全年产值约为 10100 亿元，增长幅度为 6.8%，其中工程类产值约为 5702 亿元（增长 3.5%），占比为 56%；产品类产值约为 2904 亿元（增长为 6%），占比 29%；运维类产值约为 1494 亿元，占比为 15%，产值相较上年增长达 39.6%，维持在一个较高的增长率上。

从涉足数字安防业务的上市企业公布的年报数据来看，2023 年，行业整体盈利能力进一步好转，扭亏为盈、亏损收窄的企业越来越多。据不完全统计，在 88 家部分涉足数字安防业务的上市企业（见表 17-2）中，超六成企业实现盈利，实现净利润同比增速超 100% 的有 14 家，实现营收和净利润双增长的有 34 家，占比超三成。行业第一梯队企业业绩实现双增长，它们在 2023 年取得的优异成绩，不仅证明了自身实力，也为整个行业的发展带来了信心、鼓舞与笃定。

海康威视 2023 年实现营收 893.40 亿元，同比增长 7.42%；实现归母净利润 141.08 亿元，同比增长 9.89%。其中，境内主业营收 468.10 亿元，占总营收的 52.40%；境外主业营收 239.77 亿元，占总营收的

26.84%；创新业务营收 185.53 亿元，占总营收的 20.77%。

大华股份 2023 年实现营收 322.18 亿元，同比增长 5.41%；实现归母净利润 73.62 亿元，同比增长 216.73%。其中，智能物联产品及解决方案业务营收达 266.45 亿元，同比增长 5.79%；软件业务营收增长显著，达到 17.97 亿元，同比增长 21.59%；创新业务营收达 49.07 亿元，同比增长 19.20%。

千方科技 2023 年实现营收 77.94 亿元，同比增长 11.28%；实现归母净利润 5.42 亿元，同比增长 212.39%。其中，智能交通业务营收达 25.81 亿元，同比增长 37.58%。受益于大模型等技术因素的影响，千方科技智能物联业务形成新业态，2023 年实现营收 52.13 亿元。

表 17-2 2023 年部分涉足数字安防业务的上市企业业绩情况

企业	主营业务	营业收入/亿元	同比变化	归母净利润/亿元	同比变化
海康威视	智能物联	893.4	7.42%	141.08	9.89%
大华股份	智能物联	322.18	5.41%	73.62	216.73%
千方科技	智能物联	77.94	11.28%	5.42	212.36%
同为股份	视频监控	10.85	11.82%	1.51	37.50%
英飞拓	智能物联	14.09	−24.67%	−7.75	22.82%
苏州科达	视频监控	18.16	15.19%	−2.64	54.65%
高新兴	智能物联	17.99	−22.89%	−1.03	62.12%
汉王科技	智能物联	14.5	3.56%	−1.35	0.65%
振芯科技	视频监控	8.52	−27.95%	0.73	−75.81%
中威电子	智能物联	1.52	−58.18%	−0.76	−1825.30%
汉邦高科	视频监控	1.33	7.19%	−1.27	−4.31%
广电运通	智能金融项目	90.43	20.15%	9.77	17.80%
易华录	智能交通项目	7.65	−52.31%	−18.9	−16477.75%
中电兴发	智慧城市项目	22.38	−7.33%	−5.90	31.36%
达实智能	智慧城市项目	38.33	6.64%	1.15	−45.80%
赛为智能	智慧城市项目	4.48	16.04%	−1.61	29.01%
立昂技术	智慧城市项目	26.9	−7.71%	0.66	−90.44%
数字政通	智慧城市项目	12.13	−20.48%	1.34	−47.22%

续表

企业	主营业务	营业收入/亿元	同比变化	归母净利润/亿元	同比变化
浙大网新	智慧城市项目	36	−12.83%	1.18	−5.99%
延华智能	智慧城市项目	6.76	7.92%	0.23	115.38%
迪威迅	智慧城市项目	4.36	−4.92%	−2.31	18.44%
浩云科接	智能金融/智慧城市项目	3.65	−18.36%	−0.59	−384.04%
海峡创新	智慧城市及金融项目	1.25	−23.74%	−3.14	−78.18%
银江技术	智能交通/智慧城市项目	11.69	−27.47%	−2.34	−437.10%
金溢科技	智能交通项目	5.12	4.32%	0.49	156.12%
中远海科	智能交通项目	17.76	1.38%	1.89	3.77%
捷顺科技	智能交通项目	16.45	19.56%	1.12	518.79%
盛视科技	智能交通项目	15.73	59.03%	1.98	105.05%
安居宝	智慧社区项目	3.61	−17.39%	−0.39	15.96%
世纪瑞尔	智能交通项目	8.04	13.93%	−0.17	95.57%
佳都科技	智能交通项目	62.28	16.70%	3.95	250.60%
百胜智能	智慧通行管理	3.88	−4.65%	0.35	−42.85%
锐明技术	智能车载监控	16.99	22.80%	1.02	169.54%
大立科技	红外热像仪	2.55	−36.49%	−2.92	−93.82%
高德红外	红外热像仪	24.15	−4.49%	0.68	−86.51%
睿创微纳	红外热像仪	35.59	34.50%	4.96	58.21%
宇瞳光学	光学镜头	21.45	16.19%	0.31	−78.61%
欧菲光	光学镜头	168.63	13.73%	0.77	101.48%
联合光电	光学镜头	16.47	9.47%	0.64	15.01%
力鼎光电	光学镜头	6.04	3.23%	1.54	−1.27%
凤凰光学	光学镜头	17.91	−3.94%	−0.85	−5005.79%
中润光学	光学镜头	3.79	−6.23%	0.36	−11.64%
福光股份	光学镜头	5.87	−24.81%	−0.68	−333.11%
中光学	光学镜头	21.74	−33.84%	−2.48	−33.54%
辰安科技	安全防护	22.57	−5.92%	0.8	1056.55%
淳中科技	显控设备	4.99	31.03%	0.18	−41.50%
洲明科技	显控设备	74.1	4.73%	1.44	127.06%
艾比森	显控设备	40.06	43.29%	3.16	55.53%
奥拓电子	显控设备	6.58	−28.77%	0.14	−34.40%

企业	主营业务	营业收入/亿元	同比变化	归母净利润/亿元	同比变化
利亚德	显控设备	76.16	−6.60%	2.86	1.60%
雷曼光电	显控设备	11.13	2.77%	−0.76	−342.19%
科大讯飞	智能语音/人工智能	196.5	4.41%	6.57	17.12%
迪普科技	通信设备	10.34	15.77%	1.27	−15.44%
广和通	通信模组	77.16	36.65%	5.64	54.47%
视源股份	智慧平板	201.73	−3.90%	13.7	−33.89%
三六零	软件服务	90.55	−4.89%	−4.92	77.65%
川大智胜	生物识别	1.8	−26.92%	−1.72	−196.29%
寒武纪	电子元件/半导体	7.09	−2.70%	−8.48	32.47%
北京君正	电子元件/半导体	45.31	−16.28%	5.37	−31.93%
富瀚微	电子元件/半导体	18.22	−13.65%	2.52	−36.58%
瑞芯微	电子元件/半导体	21.35	5.17%	1.35	−54.65%
格科微	电子元件/半导体	46.97	−20.97%	0.48	−89.01%
狄耐克	智能家居	8.84	4.92%	1.02	27.42%
萤石网络	智能家居	48.4	12.39%	5.63	68.80%
王力安防	智能门锁	30.44	38.20%	0.55	227.28%
声迅股份	软件和信息技术	2.8	−11.81%	0.25	−31.33%
熵基科技	生物识别	19.7	2.69%	1.77	−7.92%
格灵深瞳	AI	2.62	−25.84%	−0.91	−376.97%
云从科技	AI	6.28	19.33%	−6.43	25.95%
云天励飞	AI	5.06	−7.36%	−3.83	14.31%
九联科技	AI+IoT	21.71	−9.65%	−1.99	−429.78%
罗普特	AI	4.48	164.69%	−0.48	65.75%
商汤科技	AI	34.06	−10.57%	−64.94	6.60%
第四范式	AI	42.04	36.40%	−4.15	17.60%
思特威	CMOS图像传感器芯片	28.57	15.08%	0.14	117.18%
江波龙	存储芯片	101.25	21.55%	−8.28	−1237.15%
魅视科技	视听设备	2.12	8.13%	0.87	2.74%
安联锐视	视频监控	6.88	−13.44%	0.93	−9.86%
奥比中光	视觉感知	3.6	2.84%	−2.75	4.80%
佰维存储	智慧存储	35.91	20.27%	−6.24	−976.68%
同辉信息	智能视觉	1.91	−43.05%	−1.28	−175.54%
浩淼科技	消防应急	4.77	6.06%	0.08	−75.20%
广道数字	数据采集及分析	2.88	−5.83%	0.46	−26.96%
微创光电	视频监控	1.33	9.44%	−1.92	−767.20%

续表

企业	主营业务	营业收入/亿元	同比变化	归母净利润/亿元	同比变化
汉鑫科技	软件和信息技术服务	3.64	1.40%	0.3	356.87%
殷图网联	电网运行智能辅助监控	0.78	5.64%	0.027	−58.90%
云创数据	大数据存储	2.96	−21.15%	−0.6	−306.16%
视声智能	智能家居、智慧医疗	2.36	1.87%	0.39	14.95%

数据来源：CPS 中安网。

第二节　发展特点

一、大模型赛道大比拼，安防内卷风起云涌

2023 年，生成式 AI 爆火，行业大模型市场爆发。这场由生成式 AI 引起的技术革命迅速席卷市场，2023 年也因此被称为大模型元年。安防作为离大模型风口最近的行业，也掀起 AI 大模型巨浪。

随着 AI 技术的蓬勃发展，新一轮科技创新应用浪潮席卷而来。各大领先厂商迅速行动，深入挖掘并释放 AI 大模型在安防领域的广泛潜力，致力于提升技术的通用灵活性、跨场景适应性和规模化实施能力，不断拓宽 AI 技术应用的广度和深度，精心打造了一系列全方位、智能化的技术产品与个性化解决方案，为安防行业的数智化转型注入了强劲动力。大模型作为驱动"AI+安防"二次变革的核心，其本质是降低用户的边际成本，加速 AI 的规模化应用，让 AI 服务更多的场景。可以预见，在智能监控、智能分析、自助巡逻、智慧治理等多个方面，行业大模型都将落地应用，"通用大模型+专用行业大模型"成为发展趋势。

互联网大厂、科技巨头纷纷布局，以期抢占行业大模型市场制高点，推出了包括百度的"文心一言"、阿里的"通义千问"、华为的"盘古"、腾讯的"混元"、科大讯飞的"星火认知"、宇视科技的"梧桐"、大华股份的"星汉"、商汤科技的"日日新"、以萨科技的"天工"以及 360 "智脑"等在内的大模型。据不完全统计，2023 年国内推出的大模型数量超过 200 个。

总体来看，AI 安防的落地应用遍地开花，AI 与安防的融合应用日

益成熟。AI 与安防产业竞合加速，也催动着安防产业愈发集成化、高效化、联动化，加速了智能物联的进程。

二、安防"软"化，向"下"而生

根据产业规模，我国的安防企业大体可分为三个梯队：第一梯队以海康威视、大华股份等巨头为主；第二梯队主要包括同为股份、宇视科技、旷视科技、天地伟业、苏州科达、万佳安和智诺科技等企业；第三梯队主要是中小企业。随着行业竞争的日益加剧，智能安防市场呈现出显著的马太效应。行业龙头企业凭借其得天独厚的资源优势、深厚的人力资源储备、领先的技术创新能力以及成本控制优势，迅速在市场中扩张势力范围，实现了快速成长。资源进一步向龙头企业汇聚，集中化趋势愈发明朗。同时，龙头企业在产业链延伸、横向跨界整合及行业深度挖掘方面展现出卓越能力，不断巩固并扩大其市场领先地位，形成了"强者愈强，赢者通吃"的竞争格局。

向下而生的智能安防，正逐渐形成从单一安防到贯穿安全管理全生命周期和软硬件一体的服务能力。安防企业渠道下沉是市场发展、竞争策略、政策导向和技术进步共同作用的结果，是企业适应市场变化、实现可持续发展的必然选择，三四线城市及以下地区成为安防企业的新战场。伴随着头部企业海康威视推出"皓视通"，宇视科技推出"阿宇"，TP-LINK 推出"水星子"等品牌，以及更多新品牌的奔涌而入，将行业探索下沉市场推向高潮。

对市场参与者而言，下沉市场主要拼的就是渠道资源和性价比。业务下沉的基础是渠道的下沉。"海大宇"[①]在多年的积累中，占据了渠道方面的巨大优势，市场网络已覆盖至乡镇。但对最终用户而言，更看重的是性价比，这也为很多小品牌提供了机会。

当前，市场参与者都在积极地加深渠道触达范围。例如，通过加强与经销商合作交流，拓展渠道下沉网络；通过开展培训、地方展会活动等打开品牌知名度；针对基层市场推出更适用、个性化的安防产品、服

---

① "海大宇"即海康威视、大华股份、宇视科技。

务及解决方案等。

2023 年，安防企业渠道下沉进入深化和多元化阶段，未来，安防企业应更注重与合作伙伴及用户的合作和互动，提高产品和服务的质量与针对性，同时不断创新和完善营销策略，加大售后服务和技术支持等方面的建设力度，以便更好地适应和引领下沉市场的未来发展。

三、向"海"图强，安防企业出海已成必答题

2023 年是中国企业出海爆发元年。"新三样"出口增长近 30%，外贸新引擎日益强劲。除了出口"新三样"，部分细分领域的外贸生意也在挑战之下呈现出逆势增长的景象。其中，安防行业表现亮眼，智能安防产品出海正跑出"加速度"。

近年来，在国内传统市场增速放缓，行业竞争格局日益激烈，呈现出明显内卷化趋势的背景下，在"一带一路"倡议的带动下，依托电商、渠道和项目落地，国内安防企业不断向"海"图强，向"机会多、市场大"的国际市场冲击。中国企业在智能安防领域的"领跑式发展"，为推动中国安防产品走向国际市场奠定了坚实的基础，也开启了中国安防产品出海的新篇章。先是以"海大宇"为代表的安防巨头开始布局海外市场，随后越来越多的安防企业如雨后春笋般进军海外市场。总体而言，安防行业的智能化转型正引领着海外市场对中国安防产品需求的显著增长，特别是在拉美、东南亚等新兴市场，这些地区为中国安防产品的出海之路铺设了广袤的舞台。

2023 年以来，海康威视、大华股份等我国安防龙头企业的海外收入均实现复苏。通过 2023 年安防龙头企业年报数据以及相关企业公开信息可知，2023 年安防企业出海已成必答题。"不出海，就出局"早已成为安防行业的共识，特别是在"一带一路"倡议的推动下，在数字经济、绿色能源、基础设施建设等关键领域，东南亚、中东、拉美等地区市场潜力巨大。不少企业通过参与多个国际展会，进一步扩大国际影响力，积极拓展海外市场。有些以做安全解决方案输出为主的企业借助"一带一路"机遇，不断开拓新的市场空间。同时，通过与大型企业合作，共同推动出海进程，实现互利共赢。如百胜智能为顺应安防出海的大趋势，先后参加 ISC WEST 美国西部安防展、Secutech Vietnam 越南安防

展、马来西亚吉隆坡国际安防展、沙特国际贸易展暨中国商品智造展和中国品牌商品（沙特）展览会等海外行业展会，向世界展示自身创新产品及解决方案。

四、智能安防企业上市不乏"孤勇者"

相比 2022 年的上市热潮，2023 年智能安防领域企业上市或 IPO 的声音相对较弱。

2023 年 3 月 7 日，杭州海康机器人股份有限公司递交首次公开发行股票并在创业板上市招股说明书，这意味着"海康系"除了海康威视、萤石网络成功上市外，海康机器人将进入全面冲刺 IPO 阶段。6 月 28 日，广州安凯微电子股份有限公司在上交所科创板上市。其主要产品为物联网摄像机芯片、物联网应用处理器芯片。7 月 6 日，国内机器视觉龙头凌云光成功登陆科创板。其战略聚焦机器视觉业务，自研形成了光学成像、智能软件、智能算法、精密控制四大技术平台，为客户提供核心视觉器件、可配置视觉系统与智能视觉装备等产品和解决方案。7 月 15 日，AI 四小龙之一的旷视科技恢复发行注册程序。此前，旷视科技 IPO 一直卡在注册环节，始终未获得批文。8 月 16 日，厦门路桥信息股份有限公司在北交所正式发行上市，募资 1.5 亿元，成为厦门北交所的第一股。其深耕智慧交通行业及轨道交通、智慧停车、公路与城市交通等细分领域。9 月 1 日，广州视声智能股份有限公司成功通关北交所 IPO，成为 A 股资本市场的新生力量。11 月 28 日，厦门思泰克智能科技股份有限公司成功上市，募资 6 亿元扩产研发。12 月 29 日，"人形机器人第一股"优必选在港交所主板挂牌上市，成为全球人形机器人加速商业化进程中的里程碑事件。

纵观以上企业上市情况，尽管行业内卷、局势存在多重挑战，仍有不少涵盖多个细分领域的优秀企业砥砺前行，在时代洪流中熠熠生辉。随着安防行业边界不断泛化以及相关部门的支持力度加大，将会有更多的行业企业实现跨界融合，为整个安防领域注入新鲜"血液"，成为安防创新发展的重要驱动力。

区域篇

第十八章

长江三角洲地区电子信息产业发展状况

第一节　整体发展情况

长江三角洲地区（以下简称"长三角地区"）包括上海市、江苏省、浙江省和安徽省全域（面积 35.8 万平方千米），是我国经济发展最活跃、开放程度最高、创新能力最强的区域之一，也是我国电子信息制造业最重要的集聚区之一。

一、产业规模

2023 年，上海市战略性新兴产业增加值达 11692.50 亿元，比上年增长 6.9%，占上海市生产总值的比重为 24.8%。其中，工业战略性新兴产业总产值占规模以上工业总产值的 43.9%，集成电路、人工智能、生物医药三大先导产业规模达 1.6 万亿元。

2023 年，江苏省新兴产业持续发展壮大，全年工业战略性新兴产业、高新技术产业产值占规模以上工业总产值的比重分别为 41.3%、49.9%。新能源、新一代信息技术相关产品产量增长较快，其中新能源汽车、汽车用锂离子动力电池、太阳能电池、智能手机、服务器产量分别增长 46.3%、18.7%、45.6%、48.9%、9.8%。

2023 年，浙江省规模以上工业中，新能源产业、装备制造业和战略性新兴产业增加值分别增长 13.9%、9.4% 和 6.3%，增速均高于规模以上工业平均水平；增加值分别占规模以上工业增加值的 5.0%、46.2%

和 33.3%，比重比上年分别提高 0.4、2.0 和 0.2 个百分点。

2023 年，安徽省新兴动能不断增强。规模以上工业中，高新技术产业增加值比上年增长 11.2%，占规模以上工业增加值的比重为 49.1%。战略性新兴产业产值增长 12.2%，占规模以上工业总产值的比重为 42.9%，其中，计算机、通信和其他电子设备制造业增长 4.2%。工业产品中，集成电路和液晶显示屏产量分别增长 116.3% 和 21.3%。

二、产业结构

长三角地区电子信息制造业起步早、发展快，已建立涵盖"原材料—零部件—整机生产—信息应用"的较完整的电子信息产业链。

上海市着力打造电子信息制造高端产业集群，坚持高端引领，推动规模发展。着力打造技术先进、安全可靠、自主可控的电子信息制造全产业链，提升"上海制造"品牌价值。推动集成电路、下一代通信设备、新型显示、汽车电子等领域达到国内领先、国际先进水平。推动智能终端、物联网、智能传感器、智慧养老等领域规模持续扩大。大力打造张江—康桥—临港综合性集成电路产业创新带，引领带动全局发展。推动金桥 5G 产业生态园加速集聚孵化 5G 产业，围绕"5G+未来车""5G+智能造""5G+大视讯"等硬核产业重点发力，面向全球招商引资，引入包括小米科技、斑马汽车等在内的 5G 产业链龙头企业和重要项目。

江苏省集成电路产业竞争力较强，产业链囊括 EDA 工具、IC 设计、晶圆制造、封装测试、设备、专用材料等环节。百亿中国集成电路产业规模城市排名 15 强中，江苏省无锡、苏州、南通、南京四个城市位列其中，各城市聚焦集成电路产业链不同环节重点发力，走在行业前沿。如无锡在晶圆制造和封装测试方面位居省内首位，南京在 5G 通信及射频芯片、先进晶圆制造、汽车电子等高端芯片领域竞争力较强，省内各城市差异化发展，形成了集成电路产业集聚区。在能源电子领域，江苏省已形成常州、无锡、苏州等光伏产业生产中心，形成包括硅片、电池、组件、逆变器等在内的较为完整的产业体系。

浙江省在集成电路设计、装备、材料、特种工艺晶圆制造和封装测试等领域均处于全国先进水平，具有完整的产业链环节，并初步形成以杭州、宁波为引领，辐射带动嘉兴、绍兴、丽水、金华、衢州等地的"两极多点"产业布局。积极推进光电产业发展壮大，在光通信、光学感知、新型显示等领域，打造一批"新星"产业群。在新型显示领域，提升发展大尺寸超薄玻璃基板等显示元器件，加快补链，推动新型显示产业链从元器件向整机环节发展。在光伏领域，浙江拥有完整且竞争力强的产业链条，光伏辅材企业数量居全国之首，光伏装机量连续多年位居全国第一。

安徽省持续巩固新型显示领域领跑地位，不断完善产业链关键配套，充分发挥京东方、维信诺等新型显示龙头企业引领带动作用，推动新型显示产业量质齐升。其中，合肥新型显示产业基地已成为国内显示面板产能最大、产业链最完善、技术水平最先进的产业集群。安徽省推动集成电路加快发展，2023 年集成电路产量增长 1 倍以上，产业链初具规模。智能终端实现快速增长，全省微型计算机、彩色电视机、智能手表/手环等产品的出货量位居全国前列。

第二节　产业发展特点

一、区域协同发展效应明显

2023 年 11 月，习近平总书记在上海主持召开深入推进长三角一体化发展座谈会并发表重要讲话，从全局和战略高度擘画长三角一体化发展新蓝图。当前，长三角一体化发展深入推进，政策规划体系框架持续健全，增长动能持续释放。长三角地区在电子信息产业上的集聚优势明显，受益于系列产业政策利好，各地区发挥优势，共同推动在电子信息领域的协同发展，推动产业链创新链融合协同，携手共建创新创业生态，合力打造全球有影响力的科创高地。围绕长三角科技创新共同体建设和关键核心技术联合攻关等关键问题，江苏省、浙江省、安徽省、上海市三省一市共同发布《三省一市共建长三角科技创新共同体行动方案（2022—2025 年）》，出台联合攻关合作机制和计划实施办法等切实可行的操作措施。目前，三省一市共同搭建的长三角科技资源共享服务平台已汇集大型科研仪器 4 万余台、大科学装置 22 台、服务机构 2377 家、科研基地 3180 家。根据《长三角区域协同创新指数 2023》，截至 2023

年 9 月，仅长三角地区上市企业在三省一市之间的跨区域投资企业数就达 5389 家。

二、产业招商引资量质提升

上海市集成电路产业高度集聚，已形成了集设计、制造、封装测试、材料、装备以及其他配套和服务于一体的完整的集成电路产业链。以张江高科技园区的集成电路设计产业园为核心，发挥科教、人才、产业集聚优势，着力打造国内领先的集成电路平台，已集聚紫光展锐、格科微、聚辰半导体、AMD 等国内外集成电路行业重点企业 2000 余家，汇聚全国 40%的集成电路产业人才和 50%的集成电路行业创新资源。

江苏省致力于打造国内领先的集成电路与新型显示产业集群。集成电路方面，江苏是全国重要的集成电路生产基地，产业主要布局在无锡、苏州、南京、南通等地，其中无锡是江苏省集成电路产业集聚中心，拥有包括设计、制造、封装测试及装备、材料等支撑配套在内的完整产业链。集成电路产业是江苏省先进制造业产业集群和优势产业，产业规模总量保持全球首位。其中，无锡集成电路产业竞争力强劲。2023 年，无锡高新区居全国集成电路产业园区综合实力第二位，无锡已形成一条覆盖上下游各领域的完整产业链。新型显示方面，江苏南京经济技术开发区、昆山光电产业园等地是新型显示产业主要集聚地。其中，南京经开区集聚了韩国 LG、日本夏普，以及我国京东方、中电熊猫、杉金光电等龙头企业及上下游企业；昆山光电产业园形成了覆盖"原材料—面板—模组—整机"的完整产业链条，维信诺、友达光电、龙腾光电分别在有机发光体 AMOLED、低温多晶硅（LTPS）、非晶硅 TFT-LCD 领域具有领先地位。

浙江省集成电路产业发展环境不断优化，在工艺、材料、设备及零部件等环节形成了特色发展之路，同时依托"万亩千亿"新产业平台，积极打造环杭州湾集成电路先进制造业集群，企业主要分布在杭州、绍兴、衢州、嘉兴、宁波等重点城市。其中，杭州是浙江省的集成电路产业集聚中心，集中了浙江省 85%以上的设计企业和 95%以上的设计业务收入。浙江省晶圆制造业也稳步发展，拥有士兰集成、士兰集昕、立昂微、立昂东芯、富芯半导体、积海半导体等一批重点企业。

安徽省构建形成合肥新站高新技术开发区、合肥高新技术开发区、合肥经济技术开发区等集成电路产业集聚区。新型显示产业也主要集聚在合肥，目前合肥形成以显示面板为核心，以玻璃基板、偏光片、光学膜、驱动 IC、靶材、液晶、光刻胶、湿化学品、特种气体、特种装备等为配套的全产业链布局，已成为国内产业链条最全、技术水平最高的新型显示产业集聚中心。

三、重大项目攻关持续推进

2023 年，上海市继续强化集成电路领域项目布局。在上海市发展改革委公布的 2023 年上海市重大工程清单表中，中芯国际 12 英寸芯片项目和临港 12 英寸晶圆代工生产线项目、积塔半导体特色工艺生产线项目、超硅半导体 300mm 集成电路硅片全自动智能化生产线项目等多个集成电路项目位列其中。

2023 年，江苏省持续加大集成电路、新型显示领域重大项目推进工作，在全省完善产业布局。全年江苏省共安排实施项目 220 个、储备项目 45 个，实施项目包括无锡卓胜微 12 英寸射频芯片项目、江阴长电微电子晶圆级微系统集成项目、无锡中环高速低功耗集成电路用高端硅基材料项目、无锡 SK 海力士存储半导体技术升级一期项目等，储备项目包括宜兴湖畔光芯超高清、高亮硅基 OLED 微型显示器（12 英寸生产线）一期项目，无锡华虹集成电路二期一阶段项目等。

2023 年，浙江省积极布局集成电路产业链，公开印发《浙江省扩大有效投资"千项万亿"工程 2023 年重大项目实施计划》，实施"千项万亿"重大项目 1244 个，完成投资 12976 亿元。其中，宝鼎乾芯 6 英寸半导体集成电路制造生产线项目位于钱塘芯谷，一期备案总投资 8.5 亿元，项目主要涉及功率器件、功率集成电路与微电子机械系统三大产品线，计划建设 6 英寸晶圆的生产和研发基地。目前，项目生产类厂房已封顶。项目达产后，预计生产规模达 100 万片/年。

2023 年，安徽省积极推进集成电路、新型显示领域重大产业项目建设。安徽省人民政府公布的 2023 年重点项目清单中，包括多个集成电路和新型显示产业项目。其中，续建项目包括合肥晶合集成电路先进工艺研发项目、科大讯飞人工智能研发生产基地项目、龙芯中科通用

GPU 芯片总部项目、年产 6000 万片高精密度集成电路板和 3.6 亿颗场效应晶体管项目等。计划开工项目包括蚌埠经开区融薇科技 6 英寸 MEMS 晶圆生产线项目、欧康诺芯片测试设备生产项目、蚌埠经开区华鑫微纳 8 英寸 MEMS 晶圆生产线项目、化合物半导体射频及毫米波器件项目、泓冠集成电路先进封装项目等。

第三节 主要行业发展情况

一、集成电路

长三角地区是我国集成电路产业的重要集聚区。根据国家统计局数据，2023 年全国集成电路产量为 3514 亿块，同比增长 6.9%。在经历 2022 年的下滑后，集成电路产量再次恢复上涨趋势。其中，长三角地区总产量占全国产量的比重超 54%，截至 2023 年 7 月，长三角地区集成电路企业有 4743 家，占全国的比重约 40%。

上海市是我国集成电路全产业链重要基地，集成电路产业规模全国领先。2023 年，上海市集成电路行业总体发展平稳，全年集成电路产量达 286.4 亿块，在先进生产工艺、90 纳米光刻机、5 纳米刻蚀机、12 英寸大硅片、国产 CPU、5G 芯片等领域实现重要突破。江苏省是我国最重要的集成电路产业集聚区之一，无锡友达、华润矽科、华虹半导体、台积电、SK 海力士等知名企业分布在无锡、南京、苏州、南通等城市。2023 年，江苏省集成电路产量达到 1054.9 亿块，位居全国第一，占全国总产量的 30%，相比 2022 年集中度继续有所下降。浙江省集成电路产业发展基础良好，产业集聚效应初步显现，士兰微、中天微、国芯科技、中科微等一批明星企业涌现。2023 年，浙江省集成电路产量达 239.6 亿块。安徽省是集成电路行业的后发追赶者，2023 年全省集成电路产量达 60.35 亿块，同比增长 136.1%。合肥市积极推进存储芯片、面板驱动芯片、汽车电子芯片、家电核心芯片等特色芯片国产化，较为完整的集成电路垂直产业链已初步成型。

二、新型显示

长三角地区具有深厚的产业研发基础，相关科研机构众多，囊括了东南大学、浙江大学、上海大学、合肥工业大学、中国电子科技集团公司第五十五研究所、中国科学院上海光学精密机械研究所等国家和省部级科研平台。

长三角地区形成了上海金山、南京、合肥、宁波等技术互补、产业协同的新型显示产业集聚区。其中，上海的 AMOLED 领域、江苏的 OLED 和氧化物 TFT-LCD 领域、浙江的激光显示及其产业链领域、安徽的高世代领域都处于全国领先地位。长三角地区还在国内率先实现了 AMOLED 产业突破，高世代大尺寸 TFT-LCD 高清电视量产，以及各类新型显示技术如立体显示、硅基微型显示、量子点显示等的战略布局。

三、能源电子

长三角地区是我国重要的能源电子产业集聚区。其中，上海市 2023 年新增光伏装机 94.6 万千瓦。江苏省已形成从硅料提取、硅锭制备、电池生产到系统应用于一体的较完整光伏产业链，2023 年全省光伏产业实现营业收入 7000 亿元；太阳能电池产量达到 175GW·h，同比增长 15.63%，占全国总产量的 32%。浙江省已形成从多晶硅原料、硅片、电池、组件、原辅材料生产到系统开发应用的光伏全产业链，2023 年，浙江省累计光伏装机达到 33.57GW，这意味着全省约四分之一的电力装机为光伏装机。2023 年，安徽省光伏累计并网容量排全国第五。其中，分布式光伏新增并网容量为 846.9 万千瓦，集中式光伏新增并网容量为 222.2 万千瓦。

第十九章

珠江三角洲地区电子信息产业发展状况

第一节　整体发展情况

　　珠江三角洲地区（以下简称"珠三角地区"）作为我国开放程度最高、经济活力最强、制造业最发达的地区之一，在我国电子信息产业发展大局中具有重要战略地位。新一轮科技革命和产业变革不断演进，以电子信息等为代表的新质生产力行业呈现出发展韧性和创新活力，带动珠三角地区先进制造业、高技术制造业增加值不断攀升。与此同时，粤港澳大湾区发展战略深化推进，东莞、珠海、惠州等地加强与广州、深圳在电子信息领域的协同发展，珠三角一体化效应持续增强，为经济高质量发展创造和积蓄新动能。

一、产业规模

　　2023 年，广东省电子信息产业逐渐复苏回暖。据《2023 年广东省国民经济和社会发展统计公报》数据，2023 年广东省先进制造业增加值比 2022 年增长 6.1%，占规模以上工业增加值的比重为 55.7%，其中，高端电子信息制造业增加值增长 5.2%。2023 年，广东省高技术制造业增加值比 2022 年增长 3.2%，占规模以上工业增加值的比重为 29.4%，其中，电子及通信设备制造业增加值增长 6.1%，计算机及办公设备制造业增加值下降 14.0%；高技术制造业投资增长 22.2%，占固定资产投资的比重为 9.2%，其中，电子及通信设备制造业投资增长 20.0%。在

2023 年广东省固定资产投资中，工业投资增长 22.2%，其中，计算机、通信和其他电子设备制造业的固定资产投资比 2022 年增长 20.6%。

二、产业结构

珠三角地区电子信息制造业的规模和技术水平均在全国处于引领地位，主要优势领域是通信设备、计算机、家用电器、视听产品和电子元器件等，尤其在智能终端和新型显示等领域优势显著。智能终端领域，据调研机构 Canalys 报告，2023 年全球智能手机出货量为 11.4 亿部，跌幅较 2022 年收窄至 4%，我国的小米、OPPO、传音 3 个品牌跻身出货量前五，其中珠三角品牌 OPPO 和传音分别位列第四和第五位，市场份额分别为 9% 和 8%。新型显示领域，珠三角地区拥有全球最大的液晶电视模组生产基地，产能全国领先。其中，TCL 科技 2023 年营业收入约 1743.67 亿元，同比增长 4.69%；净利润约 22.15 亿元，同比增长747.6%。手机、计算机、集成电路、光电子器件、超高清视频等行业回暖复苏，为珠三角地区乃至全国的工业经济发展提供了支撑。

空间布局方面，珠三角地区不断突出以通信产品和消费电子为重点的产品升级，逐渐加强以深圳、东莞、惠州为中心的电子计算机制造产业链，以深圳、广州、东莞为中心的通信设备制造产业链，以惠州、珠海、佛山为代表的智能家电制造产业链，并着力培育汽车电子、能源电子等新兴产业链。

企业培育方面，珠三角地区积极打造世界级电子信息龙头企业，拥有华为、TCL 科技等一大批实力强劲的电子信息骨干企业，信息技术领域上市公司数量超过北京和上海之和，总市值居全国首位。TCL 等智能电视品牌加速向高端化发展，华为、vivo、OPPO 等智能终端品牌引领全球手机市场发展。

第二节　主要行业发展情况

一、通信设备

据国家统计局数据，2023 年广东省程控交换机产量为 447.74 万线，占全国总产量的 88.31%，继续稳居全国首位；手机产量为 64944.24 万部，占全国总产量的 41.4%，排名全国第一；移动通信基站设备产量为 509.01 万射频模块，继续位居全国第一，遥遥领先其他省份。

二、超高清视频

经过多年发展，珠三角地区聚集了 TCL 科技、LG 显示、创维等全球知名的显示龙头企业。广州市积极建设"世界显示之都"，重点打造超高清视频和新型显示两大千亿元级产业和制造业高质量发展"新名片"。新型显示领域首家国家级创新载体——国家新型显示技术创新中心在广东聚华新型显示研究院挂牌。大批上游设备、原材料和零部件企业，中游面板制造与模组企业，以及下游整机制造企业纷纷来到珠三角地区投资建厂，不断推动产业链发展壮大，形成我国技术最先进、生产规模最大、产出效益最高的超高清显示集群之一。

三、智能家电

据国家统计局数据，2023 年我国彩色电视机产量为 19339.6 万台，同比下降 1.3%。其中，广东省以 11060.05 万台的产量排名第一，超过半数的彩色电视机由广东省制造。随着电视智能化、高清化趋势加快，智能音箱、4K/8K 超高清等高端需求进一步增长，珠三角地区在智能电视等家电产品领域发展前景较为可观。

四、集成电路

据统计，2023 年我国集成电路产量为 3514 亿块，同比增长 6.9%。其中，广东省集成电路产量为 685.74 亿块，增长 23.8%。广东省集成电路产业链涵盖了上游的研发设计、中游的封装测试及下游的应用环节，其在集成电路设计领域处于全国领先地位。目前，广东省集聚了广州、深圳、珠海三大集成电路产业集群，华为、中兴通讯、博通、英特尔等龙头企业在广东省设有半导体研发中心。

第三节 重点城市发展情况

一、深圳市

深圳市电子信息制造业规模多年稳居内地城市首位，半导体和集成电路、移动通信基站、彩电、手机等电子产品产量位居全国前列。2023年，深圳市新能源汽车、锂电池、光伏产品等"新三样"出口增长33.9%，智能手机、显示器、平板电脑产量分别增长10.2%、16.2%、24.2%。以电子信息产业为支柱，深圳市发展壮大"20+8"产业集群，其中包括网络与通信、智能终端、半导体和集成电路、超高清视频、智能传感器5大电子信息领域新兴产业集群；培育壮大了华为、中兴通讯、康佳、创维、TCL科技、大疆等一批具有全球竞争力和知名度的电子信息骨干企业。

2023年，深圳市高技术产业投资持续活跃，高技术制造业投资增长64.0%，其中，电子及通信设备制造业投资增长70.6%。2023年，深圳市企业研发投入达1784.6亿元，约占全社会研发投入的比重为94.9%，位居全国第一。华为推出全球首款支持卫星通话和应用"星闪"技术的Mate 60系列手机产品，荣耀推出全球最轻薄大内折高端机Magic V2，昇腾系列芯片成为国内具备全栈技术的最高水平人工智能算力芯片。

深圳市高度重视创新平台建设，拥有5G中高频器件、超高清视频等国家级制造业创新中心，以及鹏城实验室、深圳湾实验室、国家超算中心等一批重大科技创新平台。2023年，国际星闪无线短距通信联盟正式落户河套深港科技创新合作区，成为第二个注册地设立在深圳市的国际性产业与标准组织。此外，深圳市新增1家国家级"双跨"平台，平台总数占全国十分之一；电子元器件和集成电路国际交易中心交易额达549.8亿元；加快建设粤港澳大湾区（广东）量子科学中心、国际量子研究院。

二、东莞市

东莞市是移动智能终端、消费电子和智能装备等领域的国内重要生产基地之一，集聚了华为、OPPO、vivo 等行业领军企业和国家高新技术企业。东莞市重点发展电子信息、新材料、光机电一体化、新能源等高新技术领域，其中，电子信息技术领域占据半壁江山。2023 年，东莞市国家高新技术企业达到 10100 家，专精特新"小巨人"企业达到 172 家。东莞市拥有全国首台散裂中子源、先进阿秒激光设施，以及松山湖材料实验室等重点科研平台。

据《2023 年东莞市国民经济和社会发展统计公报》数据，2023 年，全市工业生产承压运行，全年规模以上工业增加值下降 1.9%。高技术产业发展态势良好，全年高技术制造业增加值比上年增长 0.4%，其中，电子及通信设备制造业增加值增长 4.5%，计算机及办公设备制造业增加值下降 17.1%。全年先进制造业增加值比上年增长 0.9%，其中，高端电子信息制造业增加值增长 4.3%。

三、惠州市

惠州市是广东省乃至全国重要的电子信息产业基地。特别是在新型显示领域，惠州市已经打造成为千亿元级平板显示产业集群，拥有 TCL 科技、旭硝子、雷曼、聚飞等产业链上下游重点企业。2023 年，惠州市电子信息产业集群产值达 5266 亿元。其中，超高清视频和智能家电产业集群、新能源电池产业集群入选"2023 中国百强产业集群"。惠州市新型储能产业发展态势良好，2023 年全市新型储能产业链企业超千家，涵盖了电池制造设备、电芯、模组、系统集成等上下游环节，总规模超千亿元。

据《2023 年惠州市国民经济和社会发展统计公报》数据，2023 年，全市规模以上工业企业为 4456 家，规模以上工业增加值增长 5.2%，其中，电子行业增加值增长 8.1%。高技术制造业增加值增长 7.5%，占规模以上工业增加值的比重为 39.7%，其中，电子及通信设备制造业增加值增长 7.6%，计算机及办公设备制造业增加值增长 10.2%。先进制造业增加值增长 5.5%，占规模以上工业增加值的比重为 64.9%，其中，高端电子信息制造业增加值增长 6.2%。

第二十章

环渤海地区电子信息产业发展状况

　　环渤海地区是指环绕着渤海全部及黄海的部分沿岸地区所组成的广大经济区域，该地区电子信息产业基础雄厚，各种产业资源高效整合。环渤海地区成为继长三角地区和珠三角地区之后又一发展成绩瞩目的电子信息产业基地。

第一节　重点省市发展情况

一、北京市

　　北京市已成为全球数字经济资源禀赋最充裕、发展条件最优越的城市之一，电子信息制造业发展态势平稳，数字产业化规模和速度优势明显。2023 年，北京市实现数字经济增加值 18766.7 亿元，若以现价计算，其增速为 8.5%，在地区生产总值中的占比上升至 42.9%，较上年提升了 1.3 个百分点。特别是数字经济核心产业，增加值达到 11061.5 亿元，同比增长了 10.8%，在地区生产总值中的占比达到 25.3%，同样提高了 1.3 个百分点。同时，北京市全年高技术产业增加值达到 11875.4 亿元，按现价计算，同比增长了 7.1%，在地区生产总值中的占比为 27.1%，较上年增加了 0.4 个百分点。此外，北京市新设立的科技型企业数量达到 12.3 万家，同比增长了 15.9%，占全市新设企业总数的 41.4%。北京市加强产业谋篇布局，持续塑造高质量发展新动能新优势，积极完善工业互联网创新生态体系，推进数据中心先进绿色发展，多措并举提升数字消费能级，网络安全、开源、北斗、互联网 3.0、人工智能等产业稳步发展。随着北京市国际科技创新中心建设步伐的加快，全市电子信息产业将持续以自主创新为立业之本，加大研发投入，优化产品体系，为各行业数智化转型提供基础工具。2023 年，北京市已推进建设 163 家中小企业公共服务示范平台、91 家示范基地、30 家专精特新服务站，推进 92 家专精特新企业、28 家"小巨人"企业进入龙头企业供应链，助力 551 家专精特新企业显著提高数字化能力，促进昌平区获选全国首个中小企业数字化转型试点城市。

二、天津市

天津市电子信息产业稳步增长。2023 年，天津市电子信息制造业保持稳健发展态势，电子信息制造业规模以上企业营业收入有望突破 24 万亿元，显示出强大的产业规模和实力。根据天津市工业和信息化局发布的《天津市新一代信息技术产业发展"十四五"专项规划》，天津市重视新一代信息技术产业的发展，将其作为推动数字经济发展的重要引擎。此外，天津市发布了《天津市制造业数字化转型三年行动方案（2021—2023 年）》，旨在全面推进制造业的数字化转型，提升制造业数字化、网络化、智能化水平，促进新产品、新模式、新业态发展，加强数字化生态建设，并计划实现一系列具体目标，如 5G 网络覆盖和应用深度领先全国，建成智能工厂和数字化车间等。

三、山东省

山东省电子信息产业实现产业跃迁的基础优势和比较优势凸显。山东省信息技术产业在 2023 年 1—11 月的营收达到 1.83 万亿元，同比增长 14.9%。其中，电子信息制造业营收 5965.7 亿元，同比增长 12.4%，增速高于全国平均水平。山东省在集成电路、锂电池和光伏等关键领域，成功启动了一批具有标杆示范意义的重大项目，进一步增强了产业发展的动力。山东省数字经济的总体规模在地区生产总值中的占比增加了 2 个百分点，目前超过 47%，逐渐成为全省经济的重要支柱。据预测，山东省数字经济核心产业增加值将占地区生产总值的 9.5%，显示出其在经济中的重要性日益提升。山东省积极推进产业数字化转型升级，加速提升数实融合水平。济南和青岛入选全国首批开展中小企业数字化转型的试点城市，通过推行"工赋山东"计划，成功孵化了一批国家级"双跨"平台和专业特色平台，这些平台的数量在全国范围内遥遥领先。山东省已累计开通覆盖所有乡镇镇区的 20.2 万个基站，32 个工厂新入选国家级 5G 工厂名录。工业互联网标识解析体系加快建设，累计接入国家顶级节点 29 个，标识注册量、解析量双超 1000 亿。2023 年，山东省有 4 家企业进入全国电子百强前 15 位，7 家企业被评为全国软件百强。海尔、歌尔、海信、浪潮信息等企业在全球或全国市场上具有显著竞争力。山东省电子信息产业在国内外市场上的影响力持续增强，为山东省经济的稳定增长做出了重要贡献。

四、辽宁省

辽宁省电子信息产业取得了显著增长。2023 年，辽宁省软件产业规模以上企业达到 1515 家，实现主营业务收入 2247 亿元，同比增长14.6%，反映了辽宁省电子信息产业规模的扩大和增长势头的强劲。辽宁省政府高度重视电子信息产业的发展，提出"数字辽宁、智造强省"战略，并不断完善产业政策体系，积极营造软件产业发展环境。通过培育软件产业集群、丰富工业软件场景应用、鼓励企业自主创新、拓展服务外包优势等措施，为产业集群化发展奠定坚实基础。辽宁省大力发展工业软件，并培育出如沈阳国际软件园等特色产业园区。同时，辽宁省积极引育行业龙头企业，整合利用全球创新资源，开拓国际市场，引导大型软件企业不断提升软件品牌核心竞争力，打造国内外软件名牌产品。

第二节　重点园区发展情况

一、发展情况

中关村国家自主创新示范区（以下简称"中关村示范区"）、天津滨海高新技术产业开发区（以下简称"天津高新区"）和青岛国家高新技术产业开发区（以下简称"青岛高新区"）是环渤海地区的重点代表园区。

中关村示范区保持较强的创新优势。中关村示范区规模以上重点企业在 2023 年 1—11 月实现总收入 72811.9 亿元，同比增长 2.6%。其中，通州园作为示范区的一部分，其总收入在 2023 年已突破 1000 亿元大关，同比增长 5%。中关村示范区在技术创新方面势头强劲，技术收入在 2023 年 1—11 月达到 18611.2 亿元，同比增长 33.1%。中关村示范区在研发方面的投入依然保持增长，研发人员合计 65.0 万人，同比下降 2.1%；但研发费用合计 3460.5 亿元，同比增长 2.2%。中关村示范区拥有中关村高新技术企业 347 家、"专精特新"中小企业 257 家，共同构成了示范区创新发展的核心引擎。

天津高新区作为天津市新一代信息技术应用创新产业发展的龙头和主要聚集区，超过 1000 家新一代信息技术应用创新企业坐落于此，2023 年产业规模超 3000 亿元，预计 2027 年产业规模将达 5000 亿元。此外，天津高新区网络信息安全产品和服务产业入选国家级战略性新兴产业集群，国产自主可控信息安全设备产业入选工业和信息化部中小企业特色产业集群，拥有电子信息产业、软件和信息服务业两个国家级新型工业化产业示范基地。天津高新区在信息技术应用创新产业领域位居全国前列，成功吸引并培育了联想、360、麒麟、曙光、飞腾等国内行业巨头，涵盖了从 CPU 至操作系统、数据库、智能终端与服务器、超级计算及信息安全服务的完整产业链条各环节，其产业链完整度、企业集聚度位居全国前列。

青岛高新区聚焦科技创新、经济发展、双招双引等主责主业，一批重点项目加快落地。青岛高新区在 2023 年继续保持强劲的发展势头，综合实力稳中有升，新质生产力效能加速释放，高质量发展优势不断凸显。全年新引进产业项目 311 个，其中 10 亿元以上项目 9 个。全年入库国家科技型中小企业 880 家，新增国家级专精特新"小巨人"企业 4 家、省级制造业单项冠军企业 6 家、山东省瞪羚企业 11 家。生物医药与医疗器械、精密仪器仪表两大市级专业园区落地青岛高新区。人才引进方面，青岛高新区 2023 年获评山东省人才工作表现突出单位，本科以上产业人才超过 5000 人，科研助理岗开发完成任务 177%；规模以上工业企业研发机构覆盖率达到 90%，市级以上技术创新中心突破 100 家。

二、发展特点

中关村示范区立足园区实际，担当实干、创先争优，各类新技术、新产业、新业态、新模式在中关村示范区聚集发展，发展成效日益凸显。在 2023 中关村论坛上，有十项重大科技成果发布，包括中关村先行先试改革重要进展与成效、新一代 256 核区块链专用加速芯片、北京国际科技创新中心建设情况评估报告等，这些成果展示了中关村示范区在科技创新方面的领先地位。中关村示范区在未来产业上前瞻布局人形机器人、商业航天、6G、细胞与基因治疗等新领域新赛道，加快形成新质生产力，抢占未来产业竞争制高点。

天津高新区依托全国先进制造研发基地核心区功能定位，坚持以科技创新引领产业创新，将牵头申报京津冀新一代信息技术应用创新先进制造业集群，巩固信息技术应用创新等产业优势，在发展新质生产力上勇争先、善作为。展望 2027 年，天津高新区的新一代信息技术应用创新产业预计将实现 5000 亿元的规模，届时将成功培育和引进 10 家产值达百亿元级的企业以及 50 家产值达十亿元级的企业，同时还将创建 100 个行业标杆应用案例。

青岛高新区持续优化营商环境，推出"工业用地一件事""企业积分制""承诺制+标准地+全代办"等改革举措，获上级推广。青岛高新区将深入实施产业建群强链、项目招引落地、企业培优育强等十大工程，不断巩固和增强经济回升向好态势，加快打造创新驱动发展示范区和高质量发展先行区。

第二十一章

福厦沿海地区电子信息产业发展状况

福厦沿海地区交通便利，制造业基础发达，是我国仅次于长三角、珠三角、京津冀的第四大电子信息产业集群区域。福厦沿海地区在液晶电视、传感器、集成电路、计算机和网络通信、LED、锂电池等产业领域已经成为我国有影响力的产业集群区域。

第一节 整体发展情况

2023 年，福建省规模以上工业增加值比上年增长 3.3%，其中，计算机、通信和其他电子设备制造业增加值增长 0.9%。规模以上工业企业营业收入比上年增长 0.5%，利润增长 10.9%，营业收入利润率为 6.07%，上升 0.57 个百分点。2023 年，福建省工业战略性新兴产业产值占规模以上工业总产值的比重为 28.3%，提高 3.4 个百分点；战略性新兴产业百强企业营业收入总额为 5063.1 亿元，同比增长 35.5%，新一代信息技术、新材料等产业涌现出一批优秀企业。

2023 年，福建省坚定不移拓宽产业新赛道，出台促进人工智能产业发展 10 条措施，建成光储充检一体化充电站 15 座，全球最大 18 兆瓦直驱海上风电机组顺利下线。坚定不移推动"智改数转"，实施省重点技改项目 1704 个，总投资 4477 亿元，关键业务环节全面数字化的企业比例居全国第三位，福州、厦门入选全国首批中小企业数字化转型试点城市。坚定不移培育壮大产业链，发布全国首份县域重点产业链发展白皮书，制造业增加值占地区生产总值的比重为 32%，制造业百强企业营收总额达 2.5 万亿元。

近年来，福建省聚焦提升集成电路产业技术水平、巩固新型显示产业优势、升级计算机与信息通信产业、打造锂电池千亿元级产业集群，做强做优电子信息制造业。大力推动"增芯强屏"，不断强链补链延链，推动福建省电子信息产业链技术自主创新。2024 年福建省政府工作报告提出，培育壮大新一代信息技术、新能源、新材料、生物医药、低空经济等战略性新兴产业，支持宁德建设新能源新材料产业核心区，前瞻布局人工智能、量子科技、氢能等未来产业，推进福州、厦门、泉州人工智能产业园建设。

厦门市提出发展"4+4+6"现代化产业体系，打造 4 大支柱产业集群，重点建设电子信息产业集群。重点发展平板显示、计算机与通信设备、半导体和集成电路等电子信息制造业，以及物联网、信创、人工智能、大数据与云计算、区块链、元宇宙、行业应用软件等软件信息服务业，努力打造万亿元级电子信息产业集群。光电显示产业是厦门市电子信息领域传统优势产业，产值占全市电子信息制造业 60%。厦门市打造"芯—屏—端—软—智—网"为一体的产业生态圈，不断强化强链补链，先后引进知名企业落地厦门。2019—2022 年，规模以上高技术产业增加值占全市规模以上工业增加值的比重分别是 40.3%、39.8%、42.6%、42.2%，2023 年比重超 40%。2023 年，厦门市全社会研发投入强度达 3.3%，位居全国前列，净增国家高新技术企业超 600 家，累计超 4200 家，占全省 30%；新培育国家级专精特新"小巨人"企业 22 家，总数达 165 家，居全省首位。全市高技术制造业增加值占规模以上工业增加值的比重超 40%，科技集群、科技强度排名分别跃升至全球城市第 80 位和第 81 位。

泉州市电子信息产业是泉州市重点发力的战略性新兴产业，目前已形成一定规模的特色产业集群。2023 年，泉州市计算机、通信和其他电子设备制造业增加值增长 27.9%。近年来，泉州市围绕半导体、新一代信息技术出台若干政策文件重点发展电子信息产业，在财政专项扶持资金、融资、人才引进等方面助力。泉州市重点支持"设计—制造—封装测试—材料装备—终端应用"全产业链生态圈构建，大力推动应用终端、创新服务平台等新业态发展。泉州市获批设立省级人工智能产业园，入选国家智能制造示范项目 9 个，推广数字化生产线 123 条，新增"上云上平台"企业 1000 家，培育 5G 示范场景应用新案例 30 个，累计建成 5G 基站 2.2 万个。

宁德市以龙头企业为核心，强化全产业链协同合作，集聚锂电新能源上下游企业 80 多家，产品涵盖锂电池关键材料、配套材料和智能装备，锂电池产业产值超过千亿元，动力电池集群入选国家先进制造业集群。2023 年，宁德时代全球动力电池使用量占比为 36.8%，较上年提升 0.6 个百分点，连续 7 年排名全球第一；2023 年宁德时代全球储能电池出货量占比为 40%，连续 3 年排名全球第一。《宁德市数字经济发展三年行动方案（2022—2024 年）》提出，围绕宁德新能源锂电池、新能源汽车、不锈钢新材料产业以及其他战略性新兴产业，加大生产性服务业招商力度，加快推动华为、中关村、中国航天等高科技企业、国际国内市场跨境电子商务企业落地建设，做大数字经济核心产业体量，力争打造国际型产业集群。

第二节　重点园区发展情况

一、发展情况

厦门国家火炬高技术产业开发区（以下简称"厦门火炬高新区"）1991 年被国务院批准为全国首批国家级高新区，是全国三个以"火炬"冠名的国家级高新区之一。 先后获得国家高新技术产品出口基地、国家对台科技合作与交流基地、国家海外高层次人才创新创业基地、国家双创示范基地等 18 块"国字号"招牌，是福厦泉国家自主创新示范区厦门片区核心区。经过 30 多年的发展，厦门火炬高新区已经成为厦门市创新驱动发展主引擎、创新创业主平台、高新技术企业集聚地及厦门千亿元级产业链（群）主要载体。2023 年，厦门火炬高新区在全国 169 家高新区中，综合排名位居第 11 位。

目前，厦门火炬高新区作为国家首批国土资源节约集约模范区，以占厦门市总面积近 3% 的产业发展空间，实现厦门市近 40% 的工业总产值，战略性新兴产业产值占比 82%，高技术产业产值占比 78%，发展质量和效益全国领先。2023 年，厦门火炬高新区完成规模以上工业营收 2826.0 亿元，同比增长 1.5%；规模以上互联网软件业实现营收约 400 亿元，同比增长 24%；完成固定资产投资 537.12 亿元，同比增长 26.8%。

厦门火炬高新区聚集各类企业 26000 多家，其中年产值超百亿元的企业有 9 家，年营收超亿元的企业有 428 家，累计培育境内外上市公司 27 家，世界 500 强企业在高新区设立项目超 60 个。厦门火炬高新区全力抓工业稳增长，实施先进制造业倍增计划，推动新能源产业产值增速超 115%，园区企业海辰储能成为厦门首家独角兽企业。

近年来，厦门火炬高新区在厦门市委、市政府的坚强领导下，聚焦厦门市 "4+4+6" 现代化产业体系，持续发挥高新产业集群和专业招商优势，锚定产业链招商和 "走出去" 招商精准发力，着力招大引强、招精引优，进一步夯实筑牢产业根基，当好全市招商引资主力军。厦门火炬高新区先后推动厦门时代、新能安、厦门天马、中创新航、海辰储能等多个百亿元级项目落地，并围绕龙头企业推动盛屯磷酸铁锂正极材料、和储能源、时代电服、科达利结构件、思坦 Micro-LED、祥福兴偏光片等产业链核心配套项目落地。

二、发展特点

"一区多园" 跨岛发展。厦门火炬高新区实施 "一区多园" 跨岛发展战略，建成了包括火炬园、厦门软件园（一、二、三期）、厦门创新创业园、同翔高新城、火炬（翔安）产业区等多园区在内的产业发展大平台。园区总面积近 100 平方千米，分布在思明、湖里、集美、同安、翔安五个行政区，与各行政区产业相互融合，形成各具特色的产业集群。

高新技术引领发展。作为厦门市高新技术产业的主要承载地，厦门火炬高新区始终坚持 "高" "新" 定位，重点发展壮大电子信息产业（涵盖平板显示、计算机与通信设备、半导体和集成电路、软件和信息服务四个细分领域）、机械装备（电力电器）产业、新能源产业等产业链（群），以及人工智能、新材料、物联网与工业互联网、医药与智慧健康等产业链（群）。

"一企一策" 精准服务。厦门火炬高新区组织专属服务团队对企业提供针对性协助，包括成立 "益企服务" 工作领导小组和工作专班，设

立企业服务热线；出台"企业服务网格化管理""企业服务诉求办理"
"干部挂钩服务企业"等系列工作方案；搭建"智慧火炬"企业服务相
关信息模块平台，该平台涵盖八大专项服务模块和十项特色服务模块。
其中，八大专项服务模块有：专精特新、企业上市培育、高企培育、瞪
羚企业培育、高层次人才引育、孵化+、知识产权、产业基金。十大特
色服务模块有：金融服务平台、智能制造服务平台、火炬创新券、"1+N"
企业服务工作站、创+驿站、特色人才服务、火炬产业联盟、火炬大学
堂、税收创新指数、环保管家。

第二十二章

中部地区电子信息产业发展状况

我国中部地区多省大力布局电子信息产业，从基础研究、技术研发和产能承接等多维度出发，根据区域产业基础，发展出各具特色的产业长板，打造了"武汉·中国光谷""南昌·世界 VR 之都"等具有品牌效应的电子信息产业集群，电子信息产业已成为中部地区经济发展的主要支撑。2023 年，中部地区重点省市克服电子信息产业营收下行等困难，推动市场主体创新突破，以企业集聚效应推动电子信息产业高质量发展。

第一节　重点省市发展情况

一、湖北省

湖北省以"武汉·中国光谷"为发展核心，以企业集聚为重要发展路径，通过省部共建的方式建设世界级光电子信息产业集群，重点打造集成电路、光通信、激光、新型显示和智能终端五大产业，依托龙头企业、本地高校及国家实验室等平台，壮大产业规模，引领技术突破，打造品牌效应，完善产业生态，推动武汉光电子信息产业集群成为国家级先进制造业集群。

2023 年，湖北省电子信息产业成为全省第一大支柱产业，全年营收达到 8474 亿元，同比增长 12%。全省共 9 家企业入选中国制造业企业 500 强，16 家企业跻身中国民营企业 500 强，11 家企业成为全国制造业"链主"企业。新增国家技术创新示范企业 7 家，数量位居全国第一。新增国家级专精特新企业 216 家，总数达 678 家，并跃居中部第一。

湖北省以光电子产业为基石，大力发展电子信息全产业链，结合五大优势产业和地方特色建设产业集群，调整优化制造业链长制实施方案，算力与大数据等九个新兴特色产业发展提速。2023 年，湖北省高技术制造业增加值占比由年初的 10.3%提高至年末的 12.8%，涌现出 1.6Tb/s 硅光互联芯片、大脑电信号"双向读写"等一批全球/全国首创成果。数实融合成为赋能经济转型的关键一招，全省 5G 宏基站达 12.04 万个，每万人 5G 基站保有量较上年末提升 43%，武汉、宜昌、荆门成功创建全国"千兆城市"试点示范。建成省级工业互联网平台 62 个，国家级"双跨"平台增至 2 家。全省在用数据中心达 144 个，武汉人工智能计算中心、武汉超算中心等建成投运，算力稳居中部第一。

二、河南省

河南省聚焦"补芯、引屏、固网、强端、育器"，以手机智能终端、计算终端、智能传感器、信息安全、集成电路及元器件五大产业为发展主轴，围绕数字河南建设，实施制造业智能化改造、绿色化改造和技术改造三大改造，以引入重大项目推动河南电子信息产业发展。

2023 年，河南省规模以上工业增加值比上年增长 5.0%，其中工业战略性新兴产业增加值增长 10.3%，占规模以上工业增加值的 25.5%；高技术制造业增加值增长 11.7%，占规模以上工业增加值的 14.7%。全省生产手机 14510.92 万部，其中智能手机 8311.4 万部，较上年下降 12.9%；生产电子计算机整机 201.5 万台，较上年增长 41.9%；生产传感器 7.23 亿只，较上年增长 10.7%；生产光电子器件 768.49 亿只，较上年增长 20.2%；生产液晶显示模组 5582.86 万套，较上年增长 412.2%。全省工业投资同比增长 8.9%，其中高技术制造业投资、工业技改投资同比分别增长 22.6%、17.4%，占工业投资的比重分别为 15.5%、24.7%。

三、江西省

江西省着力打造万亿元级电子信息产业，围绕终端体系建设，重点发展移动智能终端、虚拟现实、智能家居、汽车电子、航空电子、半导体照明、印制电路板、电子材料、智能传感器、集成电路、新型显示 11 个电子信息产业重点细分领域，优化产业结构，延伸产业链条，成为中部地区电子信息产业强省。

2023 年 1—11 月，江西省规模以上工业企业实现营业收入 36487.5 亿元，同比增长 2.8%。2023 年，全省战略性新兴产业增加值增长 9.1%，占规模以上工业增加值的比重为 28.1%；高技术制造业增加值增长 6.1%，占规模以上工业增加值的比重为 19.9%。此外，太阳能电池增长 92.3%，集成电路增长 66.2%，新能源汽车增长 47.7%，智能手机增长 22.5%，稀土磁性材料增长 15.9%。

2023 年 7 月，江西省发布《江西省制造业重点产业链现代化建设"1269"行动计划（2023—2026 年）》，电子信息产业位居 12 条重点产业链和 6 个先进制造业集群首位，以重点打造以京九产业带为驱动轴的电子信息先进制造业集群。江西省各地区均把电子信息产业作为首位产业或主导产业予以重点打造。其中，以南昌为核心，打造半导体照明和智能终端产业集聚区；以吉安为核心，打造通信终端及传输设备和电子元器件产业集聚区；以九江、赣州为节点，打造新型电子器材及印制电路板产业集聚区；以上饶、宜春、鹰潭为节点，打造光伏、锂电池、物联网产业集聚区。

第二节　重点园区发展情况

一、武汉东湖新技术开发区

武汉东湖新技术开发区（以下简称"东湖高新区"）2023 年地区生产总值达到 2715 亿元，同比增长 4.7%。

东湖高新区加快构建"两强带动、两新融合、抢抓未来"的"221"产业体系。聚焦"光芯屏端网"、生命健康两大产业集群，深入推进强链延链补链，进一步夯实产业基础，着力补齐核心设备、基础工艺、关键基础材料等领域短板，增强产业链供应链自主可控能力。聚力推进数字经济与新消费深度融合，搭建一批新技术新产品应用场景，大力发展 5G、人工智能、物联网等数字化产业，支持在线教育、在线医疗、在线文娱等数字消费服务领域的快速发展。前瞻布局未来产业，制定脑科学、量子科技、区块链等未来产业培育政策。开展新一轮企业技术改造，加快促进制造业相关企业数字化、网络化、智能化高质量发展。园区内市场主体突破 20 万家，"四上"单位突破 2100 家，新增 7 家上市公司，高新技术企业总数突破 5700 家，国家级专精特新"小巨人"企业达 151家，两项指标均居全国高新区第四。新开工亿元以上项目 107 个，建成投产亿元以上项目 176 个，固定资产投资超 1200 亿元，位列全国高新区第四；实施"世界光谷"全球产业合伙人三年行动，签约引进 6 个百亿元以上重大项目，产业项目到位资金 646 亿元，外商直接投资 6.8 亿美元，均为武汉市第一。已建/在建国家大科学装置 5 个，集聚 6 家湖北实验室，低温多晶硅中小尺寸显示面板全球市占率提升至 24%，70个一类新药进入临床，全球首个人体肺部气体多核磁共振成像系统上市，全球首个千亿参数全模态大模型"紫东太初 2.0"问世，一批关键核心技术领跑全球。

二、郑州航空港经济综合实验区

郑州航空港经济综合实验区（以下简称"郑州港区"）是目前唯一一个由国务院批复设立的国家级航空经济发展先行区，地处郑州、开封、许昌黄金三角地带，在国内大循环中具有承东启西、连南贯北的重要地位。郑州港区聚焦高端制造，构建枢纽经济，以打造万亿元级电子信息产业为发展主线，着力完善产业链条，推动聚链成群，将港区建设成为经济"中原特区"和"空中丝路"先导区。

2023 年，郑州港区生产总值达到 1295 亿元，规模以上工业增加值同比增长 20%；外贸进出口总值完成 4143.62 亿元，占全省的 51.11%，其中，新郑综保区累计完成外贸进出口值 4072.78 亿元，位列全国 166个综合保税区第一。

郑州港区聚焦十大产业，已初步形成具有枢纽经济特色的"4+3+3"产业体系。着力培育万亿元级电子信息产业集群、千亿元级新能源汽车产业集群和千亿元级生物医药产业集群，加快培育千百亿元级产业集群。郑州港区电子信息产业围绕智能手机、服务器、智能可穿戴设备等终端产品，开拓半导体、集成电路、新型显示等关联产业链，打造港区内"芯屏网端器"全产业内循环生态圈。

郑州港区作为河南省智能终端代工企业的重要集聚地，以"龙头带动、集群配套、创新协调、链式发展"为总体思路，重点发展智能手机、服务器、智能可穿戴设备、智能家电等终端产品制造，初步形成了较为完善的智能终端产业链条。以富士康郑州科技园区为基石，已建立起涵盖手机组装、SMT 贴片、摄像头模组、液晶显示模组、精密模切件等全流程生产的智能终端全产业链，引进联创电子、和而泰等智能终端上下游企业，打造手机产业最前沿的试验场和生产基地。港区内已汇聚了电子信息智能终端制造及相关配套企业 200 余家，包含手机研发、手机生产、液晶面板制造、芯片封装、模组制造等产业环节，初步形成了"整机＋配套＋核心零组件"的智能终端产业链以及覆盖"芯屏网端器"的电子信息全产业链。

三、南昌国家高新技术产业开发区

南昌国家高新技术产业开发区（以下简称"南昌高新区"）以移动智能终端、LED 两大电子信息产业细分领域为重点产业，打造国家新型工业化产业示范基地。2023 年，南昌高新区生产总值达到 1002.1 亿元，同比增长 4.2%；园区规模以上工业总产值达到 1869.24 亿元，同比增长 7.7%；工业营业收入达到 3309 亿元，占全市比重超 52%，支撑起全市工业"半壁江山"；规模以上工业增加值增长 7.3%，战略性新兴产业和高新产业增加值分别占规模以上工业增加值的 47.8%和50.2%，分别高于全省占比 19.6 和 10.7 个百分点。

2023 年，南昌高新区电子信息产业营收突破 1530 亿元，同比增长 6.0%，高于全国增速约 7.8 个百分点。移动智能终端产业集聚了 10 余家整机生产企业和 80 余家配套企业，全区 ODM 工厂出货量达 1.12 亿台，约占全球 ODM 工厂总出货量的 25%。南昌高新区新型计算机及信息终端设备制造创新型产业集群获批成为国家级创新型产业集群，连续三年获评江西省五星级产业集群。LED 产业形成了从衬底材料、外延、芯片、封装到终端应用及核心关键生产设备等的全自主知识产权完整产业链。

第二十三章

西部地区电子信息产业发展状况

我国西部地区包括陕西省、四川省、云南省、贵州省、广西壮族自治区、甘肃省、青海省、宁夏回族自治区、西藏自治区、新疆维吾尔自治区、内蒙古自治区、重庆市 12 个省（自治区、直辖市）。西部地区的矿产、土地、水利等资源十分丰富，尤其是天然气和煤炭资源的储量分别占全国的 87.6% 和 39.4%，这些是西部地区发展特色优势产业的重要基础条件。

第一节　重点省市发展情况

一、四川省

2023 年，四川省电子信息产业展现出强劲的发展势头，成都地区尤为突出。成都市电子信息产业已经成为该市首个实现万亿元规模的产业，并在全国范围内具有显著竞争优势。近年来，成都市积极推进制造强市建设，将特色优势产业和战略性新兴产业作为主要发展方向，致力于打造先进制造业集群。成都市电子信息产业规模在 2020 年首次超过 1 万亿元，预计到 2025 年将突破 1.5 万亿元，成为全国产业版图上不容忽视的重要部分。四川省电子信息产业在全省五大支柱产业中稳居首位，营收额达 6481.5 亿元，增速约 23.4%。自 2019 年营收额突破 1 万亿元后，四川省电子信息产业持续保持高速增长。四川省电子信息产业在提质、引强、补链、建圈等方面持续发力，已形成涵盖集成电路、新型显示与数字视听、终端制造、软件研发、移动互联网应用等较为完整的产业体系，核心竞争力显著增强。此外，四川省在数字经济领域取得了显著进展，数字经济核心产业增加值超过 4000 亿元，网络强省、数字四川、智慧社会加快建设，大数据、云计算、物联网等技术的应用日益广泛。四川省还成功创建了多个国家先进制造业集群和战略性新兴产业集群，为我国电子信息产业的发展提供了有力支撑。

二、重庆市

电子信息制造业在重庆制造业中占有非常重要的地位。2023 年，重庆市电子信息制造业产值达到 7164.6 亿元，从产值来看，电子信息制造业是重庆市最大的产业门类。面向未来，重庆市规划了三大万亿元级产业，电子信息制造业就是其中之一，也是距离万亿元产值最近的产业。重庆市政府正着力打造新一代电子信息制造业集群，以推动产业结构升级、加快发展方式转变。为此，重庆市在电子信息产业集群化发展方向上不断优化，特别是在集成电路、新型显示、传感器及仪器仪表、能源电子领域取得了明显进展。例如，2022 年重庆市集成电路产业的产值规模进入全国十强。在终端产品方面，重庆市个人计算机（包括笔记本电脑、平板电脑、一体机）产量连续九年居全球第一，智能手机产量约占全国的十分之一，家电和智能门锁产量约占全球的三十分之一，显示器产量约占全球的五分之一。为了进一步提升产业集群的国际竞争力，重庆市大力发展智能消费电子产品，并加快推动集成电路、新型显示、传感器及仪器仪表等链条向汽车电子倾斜，推动产业配套链、要素供应链、产品价值链、技术创新链四链融合。

三、贵州省

贵州省积极服务和融入国家发展战略，在实施数字经济战略上抢新机。2023 年，贵州省电子信息产业总产值超过 2100 亿元，同比增长 8.6%。从产业细分领域看，电子信息制造业、软件和信息技术服务业、通信业分别同比增长 6.9%、20.7%、6.6%，其中，软件和信息技术服务业收入规模居全国第 16 位。云服务这一贵州省数字经济"首位产业"收入增长 24.9%，占全省软件和信息技术服务业的比重稳居 70% 以上。

第二节 重点园区发展情况

一、成都电子信息产业功能区

成都电子信息产业功能区位于成都市的高新区和郫都区，规划总面积为 64.2 平方千米，其中在高新区的规划面积为 43 平方千米，是成都电子信息产业的核心区和引领区。成都电子信息产业功能区确立了"中国新硅谷、国际花园城"的战略定位，旨在建设电子信息产业生态圈，打造高品质宜居生活城。

成都电子信息产业功能区重点发展集成电路、新型显示、5G 通信、氢能装备和电子信息配套装备等主导产业，聚集了众多国际知名企业，如英特尔、华为、京东方、戴尔、德州仪器和富士康等，以及众多高校，如电子科技大学和成都锦城学院等，推动了产学研联动和电子信息产业发展。功能区内还建设了创客公园和菁蓉湖中央商务区等配套设施，以满足企业和创新人才的需求。

成都电子信息产业功能区不仅是四川省打造万亿元级电子信息产业的主支撑，也是成都市高新区高质量发展的主支撑。该功能区通过聚合产业链、提升创新链、完善服务链，为成都电子信息制造业的高质量发展注入了强大动力。

二、重庆西永微电子产业园区

重庆西永微电子产业园区（以下简称"西永微电园"）成立于 2005年，是重庆市为优化和提升全市产业结构、发展高新技术产业而规划建设的电子信息产业专业园区。西永微电园位于重庆市主城西部，规划面积 43.8 平方千米，其中产业区 26.9 平方千米，城市核心区 7.4 平方千米，寨山坪生态区 9.5 平方千米。通过十余年的发展，西永微电园已发展成为全球重要的智能终端生产基地和西部重要的集成电路产业高地。

作为全国唯一以"微电子"命名的产业园区，西永微电园坚持不懈地发展集成电路产业，努力打造全国最大的功率半导体和重要的集成电路特色工艺研发制造基地。目前已汇聚英特尔、SK 海力士、联合微电子、华润微电子等 20 多家知名芯片企业，电子科技大学、北京理工大学等 5 所高校入园设立微电子研究院，园区内的重庆市集成电路产业展示中心成为全市对外宣传展示的重要窗口。西永微电园已形成从设计、制造到封装测试的芯片全产业链，初步构建了涵盖人才培养、产业孵化、IC 设计、工艺中试的创新链，集成电路产业年产值占全市 80%。

西永微电园重点发展智能终端、集成电路、互联网大数据和汽车电子四大产业。

在智能终端领域，西永微电园汇聚惠普、苹果、谷歌、华为等 20 余个全球知名品牌，聚集富士康、广达、英业达等世界知名 ODM 企业在园区生产笔记本电脑、智能平板及 3D 打印机、显示器、手机等智能终端产品，已成为全球重要的电子信息产业基地，拥有年产 1 亿台（件）以上的千亿元级智能终端产业集群，实现全球每四台笔记本电脑中就有一台"西永造"。

在集成电路领域，西永微电园构建了从芯片设计、晶圆制造、封装测试到终端应用的集成电路全产业链条。西永微电园曾获评中国集成电路高质量发展十大特色园区，2022 年入选工业和信息化部国家新型工业化产业示范基地名单。

在互联网大数据领域，西永微电园依托英特尔 FPGA 创新中心、第一创客及华为鲲鹏等产业生态孵化器，与重庆机器人、智能装备联合会等创新平台合作，吸引了上百家软件开发企业入驻园区。

在汽车电子领域，依托重庆市汽车产业基础，以及园区集成电路制造和智能终端制造的优势，西永微电园在汽车芯片设计制造、车身车载电子模组及智能传感元器件等汽车电子领域持续发力。

企业篇

第二十四章

计算机行业重点企业

第一节　联想

联想集团有限公司（以下简称"联想"）是一家成立于中国、业务遍及 180 个国家和地区的全球化科技公司。作为全球领先的 ICT 科技企业，联想致力于研究、设计与制造全球最完备的端到端智能设备与智能基础架构产品组合，为用户与全行业提供整合了应用、服务和最佳体验的智能终端，以及强大的云基础设施与行业智能解决方案。作为全球智能设备的领导厂商，联想每年为全球用户提供数以亿计的包括 PC、平板电脑、智能手机等在内的智能终端设备。

一、总体发展情况

联想 2023/2024 财年前三季度财报显示，至 2023 年 12 月 31 日的前 9 个月，联想总营收为 430.3 亿美元，同比下降 13%，净利润为 7.63 亿美元，同比下降 49%，营收利润双双大幅下滑。其中一个原因是 PC 整体市场在萎靡，相关市场研究数据显示，2023 年中国大陆 PC 市场出货量为 4120 万台，同比降幅高达 17%。尽管如此，2023 年联想在 IT 领域仍保持稳固的市场领导地位，PC 业务蝉联全球冠军，非 PC 业务在整体营业额中的占比进一步提升至 42%。基础设施方案业务受行业和市场影响，业绩短期承压。

二、企业发展战略

持续聚焦科技创新，全栈布局 AI 产业。2023 年，联想加大研发投入，不断加强 AI 创新探索实践。全年研发费用达 148 亿元，研发费用率从 2021 年的 2.6%大幅提升至 2023 年的 3.4%。截至目前，联想控股体系在 AI 产业链上布局的企业超过 200 家，实现 AI "基础层—技术层—模型层—平台层—应用层" 全栈布局。

多措并举助力新型工业化跑出 "加速度"。2023 年，联想持续推进重点领域关键核心技术攻关，加快突破一批核心技术和标志性重大战略产品，发布了新一代 AI PC 及多款 AI 服务器产品。联想构建了以企业为主体、市场为导向、产学研用深度融合的技术创新体系，设立 "联想控股前瞻技术研究院"，打造开放创新的孵化体系，助力科研成果转化。

助力中小企业数智化转型。联想不仅可以为中小企业提供全矩阵智能终端设备，还可以提供稳定的全场景算力，以及混合云、行业解决方案和全生命周期智能转型服务。截至 2023 年底，联想已服务上百万家中小企业，支持超 3 万家专精特新企业智能化转型，其中包括 3000 多家国家级专精特新 "小巨人" 企业。

三、重点领域发展情况

智能设备业务方面。2023 年，受行业去库存周期影响，联想智能设备业务收入和利润分别下降 15%和 21%，但该板块经营业绩在第四季度实现了正向增长。其中，PC 业务以超过市场平均增速 5.8 个百分点的成绩巩固了全球第一的地位，根据第三方数据统计，联想 PC 业务市场份额接近 24%；该板块营运利润率也在 2023 年下半年恢复至 7.4%，为行业领先水平。

基础设施方案业务方面。2023 年，受经济增速放缓、企业调整 IT 支出、GPU 供应短缺和 AI 项目研发投入较高等因素影响，联想基础设施方案业务板块业绩短期承压，出现亏损。但边缘计算业务增长强劲，截至 2023 年底，已连续 11 个季度保持正增长。在存储设备和 AI 基础设施市场，联想稳定保持了全球第三的地位。

第二节 浪潮信息

一、总体发展情况

浪潮电子信息产业股份有限公司（以下简称"浪潮信息"）是全球领先的 IT 基础架构产品、方案及服务提供商，业务覆盖计算、存储、网络三大关键领域，提供包括云计算、大数据、人工智能、边缘计算等在内的全方位数字化解决方案。浪潮信息秉持"计算力就是生产力，智算力就是创新力"的理念，致力于通过计算技术的不断创新推动社会文明的持续进步。

2023 年，浪潮信息实现营业总收入 658.67 亿元，较上年下降 5.41%；营业成本为 592.54 亿元，较上年下降 4.21%；销售费用为 14.55 亿元，较上年下降 3.62%；管理费用为 7.65 亿元，较上年上升 4.46%；研发费用为 30.71 亿元，较上年下降 3.95%；财务费用为 -2.03 亿元，较上年下降 343.42%，这主要系本期利息支出减少所致；归属于母公司所有者的净利润为 17.83 亿元，较上年下降 14.54%；经营活动产生的现金流量净额为 5.20 亿元，较上年下降 71.30%。

二、企业发展战略

实现技术突破，引领前沿创新。浪潮信息不断发展以大算力和大模型为核心的智算技术体系。在算力技术方面，2023 年，浪潮信息提出了以数据为中心的体系结构，完成了融合架构 3.0 原型系统的开发设计，实现了数据中心即计算机（Data Center as a Computer），可有效缓解当前数据中心面临的算力挑战。在创新计算架构的基础上，2023 年，浪潮信息发布了"源 2.0"大模型，源 2.0 采用了一种新型的注意力算法结构 LFA（Localized Filtering-based Attention，局部注意力过滤增强机制），能够显著提升模型精度。

抓住智能化发展机遇，实现提前布局。浪潮信息持续推动 AIGC 领域技术创新，强化在算力、算法、调度系统等层面的业务布局。在产品技术创新方面，2023 年，浪潮信息发布全新一代 G7 算力平台，涵盖面向云计算、大数据、人工智能等应用场景的 46 款新品，实现全算力业务场景覆盖。

三、重点领域发展情况

2023 年，浪潮信息持续聚焦集成云计算、大数据、人工智能技术的智慧计算，在研发、生产、交付、服务模式等方面持续创新，根据 Gartner、IDC 发布的数据，浪潮信息服务器、存储产品市场占有率持续保持全球前列，实现服务器全球第二、中国第一的好成绩。

第三节 曙光

一、总体发展情况

曙光信息产业股份有限公司（以下简称"曙光"）是中国信息产业领军企业，为中国及全球用户提供创新、高效、可靠的 IT 产品、解决方案及服务。曙光持续针对高端计算机、存储、云计算、大数据、自主软件等开展研发工作，掌握了大量高端计算机、存储和云计算领域的核心技术，在本领域实现国内领先并达到国际先进水平。2023 年，曙光实现营业收入 143.53 亿元，同比增长 10.34%；归属于上市公司股东的净利润为 18.36 亿元，同比增长 18.88%；扣非后归属于上市公司股东的净利润为 12.78 亿元，同比增长 10.98%。

二、企业发展战略

持续投入核心技术研发，增强高端计算机核心竞争力。2023 年，曙光研发投入达 24.44 亿元，基于国产处理器的高端计算机、IO 模块、内置主动管控固件的募投项目顺利完成，面向金融等行业推出结合行业应用场景的智能一体机产品并在多家客户落地，技术优势及产品影响力逐步提升。

把握人工智能发展机遇，完善数字基建核心能力。面对智算中心等的大规模建设需求，曙光深度参与数字基础设施建设，同时不断提升智算中心解决方案综合能力，凭借分布式全闪存储、浸没式液冷、计算服务等多项优势，赋能多区域多行业数智化发展。

　　完善计算生态及应用布局，融合创新赋能产业升级。曙光积极在产业链上下游开展生态建设工作，大力开展技术研究、标准制定、系统适配、测试评估、生态建设、人才培养等方面的合作。2023 年，曙光发布智慧工业战略及最新研发的智慧工业平台，智慧工业方案可同时提供计算、通信、控制、安全等底层技术支持以及全生命周期支持和服务，助力千行百业实现工业数字化转型目标。

第二十五章

通信设备行业重点企业

第一节　华为

一、总体发展情况

华为技术有限公司（以下简称"华为"）创立于 1987 年，是全球领先的 ICT 基础设施和智能终端提供商，致力于把数字世界带入每个人、每个家庭、每个组织，构建万物互联的智能世界。2023 年，华为整体经营平稳，实现全球销售收入 7042 亿元，净利润达 870 亿元。其中，华为 ICT 基础设施业务实现销售收入 3620 亿元，同比增长 2.3%；终端业务实现销售收入 2515 亿元，同比增长 17.3%；云计算业务实现销售收入 553 亿元，同比增长 21.9%；数字能源业务实现销售收入 526 亿元，同比增长 3.5%；智能汽车解决方案业务开始进入规模交付阶段，实现销售收入 47 亿元，同比增长 128.1%。面向未来，华为持续加大研发投入，2023 年华为研发投入达到 1647 亿元，占全年销售收入的 23.4%，十年累计投入的研发费用超过 11100 亿元。

二、企业发展战略

加强研发投入与系统工程创新，推动理论突破、软件突围、架构重构。华为正以开放的心态，在全球进行技术能力布局，并贴近学术源头，与全球高校合作建立联合实验室。

持续打造可信可靠产品、解决方案，促进生态繁荣。华为建立了多节点、多路径、多梯次的供应网络备份能力，与全球供应商、合作伙伴共创安全、可靠、有竞争力的健康产业链。华为将网络安全与隐私保护作为公司的最高纲领，秉承开放、协作、利他的理念不断发展商业生态，汇聚全行业共筑繁荣的鸿蒙、欧拉、昇思生态，共同为客户创造更大价值。

三、重点领域发展情况

ICT 基础设施业务方面，2023 年华为该业务实现销售收入 3620 亿元，同比增长 2.3%。其中，在运营商业务方面，华为无线网络、光传输、数据通信、核心网等产品线，在大踏步走向 5.5G 时代。在运营商服务业务方面，华为则通过引入 AI 等新技术，支撑运营商迈入 5.5G 时代。在政府和企业业务方面，华为以客户场景和技术创新为驱动，从顶层设计入手，聚焦价值创造，助力客户数智化转型，覆盖智慧城市、金融、交通、能源、制造、教育、医疗、ISP 与互联网等领域。在计算产业方面，2023 年华为持续加大计算产业投入，坚持"硬件开放、软件开源、使能伙伴、发展人才"的策略，聚焦基础软硬件创新，携手伙伴和开发者，打造坚实的算力底座，使能百模千态，赋能千行万业。截至2023 年底，鲲鹏、昇腾已发展超过 6300 家合作伙伴、570 万名开发者，完成 17400 多个解决方案认证，通过"智能基座"产教融合协同育人基地项目，赋能 6000 位先锋教师，培养超过 70 万名学生。

终端业务方面，2023 年华为该业务实现销售收入 2515 亿元，同比增长 17.3%。从产品发布上看，华为相继发布了 Mate60 系列、MateX5 系列以及 nova12 系列。特别是 Mate60，其在消费者群体中掀起了抢购狂潮，一机难求，在不少全国性热点新闻中被提及。

智能汽车解决方案业务方面，2023 年华为该业务实现销售收入 47 亿元，同比增长 128.1%。2023 年，华为与赛力斯合作推出了问界新 M7、问界 M9，还有与奇瑞合作推出了智界 S7，总计有三款车型。其中，问界全年销量达 94380 辆，接近 10 万辆大关。

云计算业务方面，2023 年华为该业务持续高速增长，实现销售收入 553 亿元，同比增长 21.9%。截至 2023 年底，华为云已为 170 多个国家和地区的客户提供稳定可靠、安全可信、可持续发展的服务。在中国市场，华为云深耕行业数字化，累计服务超过 800 个政务云项目，与 160 多个城市共建"一城一云"；服务中国 6 大银行、12 家股份制商业银行、Top5 保险机构等；已有 90%的 Top50 电商企业、90%的 Top50 游戏企业、90%的 Top30 车企选择华为云。在生态构建层面，华为云秉承"共创、共享、共赢"的生态理念，聚合千行万业应用，赋能全球开发者，使能合作伙伴。截至 2023 年底，华为云全球开发者超过 600 万人，合作伙伴超过 40000 家，共建繁荣云上创新生态。

数字能源业务方面，2023 年华为该业务实现销售收入 526 亿元，同比增长 3.5%。华为数字能源融合数字技术（Bit）、电力电子技术（Watt）、热管理技术（Heat）、储能管理技术（Battery）4T 技术，聚焦新能源、交通电动化、数字化转型三大方向，打造新型电力系统能源基础设施、新型电动出行能源基础设施、新型数字产业能源基础设施"三新能源基础设施"，为碳中和这场社会变革保驾护航。华为数字能源通过聚焦清洁发电、交通电动化、绿色 ICT 能源基础设施等领域，助力可再生能源转型。截至 2023 年底，华为数字能源助力客户累计实现绿色发电 9979 亿千瓦时，节约用电 461 亿千瓦时，减少二氧化碳排放 4.95 亿吨。

第二节　中兴通讯

一、总体发展情况

中兴通讯股份有限公司（以下简称"中兴通讯"），是全球领先的综合性通信设备制造业上市公司和全球综合通信信息解决方案提供商之一，致力于为客户提供满意的 ICT 产品及解决方案，能力集"设计、开发、生产、销售、服务"等于一体，聚焦"运营商网络业务、政企业务、消费者业务"，业务覆盖 160 多个国家和地区，服务全球 1/4 以上人口。

2023 年，中兴通讯实现营业收入 1242.5 亿元；毛利率为 41.5%；归母净利润为 93.3 亿元，同比增长 15.4%；扣非归母净利润为 74.0 亿元，同比增长 20.0%；经营性现金流净额达 174.1 亿元，同比增长 129.7%。营业收入、净利润、经营性现金流净额均创新高。2023 年，中兴通讯国内市场实现营业收入 864.8 亿元，占比 69.6%；国际市场实现营业收入 377.7 亿元，占比 30.4%；运营商网络业务、政企业务、消费者业务分别实现营业收入 827.6 亿元、135.8 亿元、279.1 亿元，占比 66.6%、10.9%、22.5%。2023 年，中兴通讯全年研发费用为 252.9 亿元，占营业收入的比例达 20.4%，为业务创新和可持续发展提供动能。

二、企业发展战略

中兴通讯致力于在全球范围内提供高品质、高性能的产品和解决方案，其积极开拓国际市场，通过与全球各地的运营商和企业建立战略合作关系，扩大市场份额。中兴通讯致力于技术创新，在移动通信和信息技术领域不断推出具有竞争力的产品及符合市场需求的定制化解决方案，并投入大量资源用于研发，不断引入新技术和解决方案，为用户提供更好的用户体验。

三、重点领域发展情况

在以"连接"为主的第一曲线业务上，中兴通讯紧跟运营商业务转型步伐及投资结构变化，保持在无线、有线领域的领先地位，5G 基站、5G 核心网发货量连续四年全球排名第二，RAN、5G 核心网产品获行业领导者评级，光接入产品 10G PON 市场份额全球排名第二。同时，围绕 5G-A、全光网络、5G 新应用等创新技术和方案不断演进研发能力，并联合运营商进行万兆体验、工业现场网、通感算一体、RedCap 等多场景的商用验证和部署。

在以"算力"为代表的第二曲线业务上，中兴通讯积极应对人工智能技术突破带来的算力基础设施建设新机遇与新挑战，基于多年积累的通信领域软硬件研发能力，在算力基础设施、软件平台、大模型及应用等领域加大投入，进行立体式布局，推出服务器及存储、数据中心交换机、数据中心、星云系列大模型等产品，加速从"连接"向"算力"深化拓展。

在终端领域，中兴通讯致力于打造 AI 驱动的全场景智慧生态 3.0，围绕移动终端、智慧家庭、云电脑、汽车电子等领域，持续推出多款业界首创的创新产品及方案，包括 5G+AI 裸眼 3D 平板 nubia Pad 3D II、全能影像旗舰 nubia Z60 Ultra、AI 5G FWA 产品、Wi-Fi 7 及 FTTR 系列产品、5G 云笔电等。其中，5G FWA&MBB 市场份额全球第一，PON CPE、DSL CPE、IP 机顶盒等发货量全球第一，红魔销量居全球电竞手机市场首位，云电脑终端市场份额在国内运营商中排名第一。在汽车电子领域，中兴通讯持续推进与一汽、东风、长安、上汽等多家头部车企深度合作。

第三节　爱立信

一、总体发展情况

爱立信（Telefonaktiebolaget LM Ericsson）1876 年成立于瑞典的斯德哥尔摩，业务遍布全球 140 多个国家和地区，是全球领先的提供端到端全面通信解决方案及专业服务的供应商。爱立信的核心业务包括：网络、电信专业服务和多媒体，其中多媒体业务包括爱立信移动平台技术授权、企业解决方案和移动终端业务。

2023 年，爱立信销售收入为 248 亿美元（约合 1784 亿元），同比下降 10%。受重组等因素影响，2023 年爱立信大幅亏损 24.91 亿美元。2020—2022 年，爱立信的销售收入分别为 252 亿美元、270 亿美元和 268 亿美元，净利润分别为 18.99 亿美元、26.44 亿美元和 18.50 亿美元。

二、企业发展战略

近年来，爱立信采取"提高业务灵活性，减少业务中的资本占用"战略，成功减少了公司运营成本；2021 年，爱立信采取"投资核心业务技术领导力，扩大市场份额"策略，稳定了其第四季度和全年的业务发展。未来，爱立信的核心业务基础——移动基础设施业务将继续保持强劲增长，并将继续增加研发投入，以保持技术领导力和竞争力。此外，爱立信将继续在企业级市场发力。预计，爱立信企业级业务的增长率和盈利能力将逐渐超越移动基础设施业务。

三、重点领域发展情况

5G 无线设备出货量破 1000 万台。截至 2023 年 7 月，爱立信 5G 无线设备全球出货量突破 1000 万台。爱立信在 5G 解决方案上的投入，使其连续三年获得重要独立分析机构报告认可（包括《Gartner：2023 年 5G 魔力象限》和《Frost Radar：2023 年全球 5G 基础设施市场》）；此外，爱立信也在 2023 年的 ABI Research 可持续发展报告中名列通信设备供应商第一。

获得 AT&T 140 亿美元合同。2023 年 12 月，爱立信宣布与美国 AT&T 签署了一项划时代的五年期网络转型与数字化战略协议，该协议旨在开拓未来的可编程与智能网络，总额约 140 亿美元。这一交易是爱立信有史以来最大的财务交易。爱立信将为 AT&T 部署广泛的 5G Open RAN 产品与解决方案，以支持 AT&T 在美国全境实现 Open RAN 的目标。

推出新一代 RAN 计算产品。爱立信新一代 RAN 计算产品采用了爱立信硅芯科技，专为满足 5G-A 网络需求与增强型 AI 算法而打造。爱立信新一代 RAN 计算产品组合在容量和能效方面实现了成倍提升，同时减少了占用面积和总体拥有成本，造就了既可靠、又灵活的强大软硬件无线基带系统。

发行首只绿色债券。2023 年 12 月，爱立信成功发行了价值 5 亿欧元的绿色债券，期限为 4.5 年，该发行举动基于爱立信的欧洲中期票据计划（EMTN），所募集的资金将专门用于能源效率方面的投资。爱立信首席财务官 Carl Mellander 表示，此次绿色债券的成功发行，证实了市场对爱立信的长期竞争力和可持续发展愿景的强烈信心。

获得 TMF 国际大奖。爱立信多个合作伙伴共同参与的"意图驱动自智网络三期"催化剂项目获得了 2023 年 TM Forum "卓越催化剂——最佳创新与未来技术"国际大奖。TM Forum 年度催化剂项目大奖旨在表彰有效推进全球电信行业创新、行业标准概念验证，对全球可持续发展目标以及整个行业数字转型加速做出重要贡献的最具革命性的组织。此次获奖的"意图驱动自智网络三期"催化剂项目团队由中国移动、中国联通、意大利电信、爱立信等十数家国内外产业合作伙伴共同组建。

第二十六章

消费电子设备行业重点企业

第一节　创维数字

一、总体发展情况

创维数字股份有限公司（以下简称"创维数字"）成立于 2002 年，为全球用户提供综合性的数字家庭解决方案和服务。创维数字于 2014 年 9 月完成了借壳"华润锦华"的重组上市。2014 年 11 月，原有的上市公司华润锦华股份有限公司正式更名为创维数字股份有限公司。创维数字专注光通信、数字化、超高清技术、虚拟现实（VR）、混合现实（MR）、增强现实（AR）、下一代空间计算以及汽车车载显示和智能化等领域的发展。创维数字的主要业务为：智能终端业务，包括数字智能终端及相关软件系统与平台的研发、生产、销售及服务，主要向国内三大电信运营商和广电网络运营商、海外电信与综合运营商提供系统集成及 2C 消费渠道零售，其中智能终端产品包括：4K/8K 等各类智能机顶盒、融合终端、宽带网络通信连接 XSG-PON、Wi-Fi 路由器、5G CPE 等产品，以及 XR 解决方案及终端、网络摄像机、多模态 AI 技术应用、云电脑等；专业显示业务，主要包括汽车智能车载显示（车载人机交互显示总成系统、车载智能仪表显示系统）、中小尺寸显示模组；运营服务业务，主要包括 B2B 售后增值服务、智慧城市业务。

在数字智能机顶盒领域，2023 年创维数字在国内三大电信运营商集采项目中均超额中标，其中，中国移动智能机顶盒采购项目中选份额为 28.39%，中国联通智能机顶盒采购项目中选份额排名第四，分别中标河南联通、上海联通、山西联通等项目。三大电信运营商机顶盒的超高清、智能化和 P60 升级使公司业务内容更加丰富多样。在国内 To C 零售市场中，创维数字 8K、双频 Wi-Fi6 和支持云游戏的 OTT 智能盒子销量市场领先。海外市场方面，欧洲、拉美、印度、非洲和中东等地需求增加，订单稳定交付，市场覆盖率和占有率稳步提升。

在融合终端和宽带连接领域，受益于《"十四五"数字经济发展规划》和国内千兆宽带网络升级，创维数字 PON 网关市场份额显著提升，宽带连接业务展现出强大成长活力。国内市场方面，2023 年 3 月，创维数字以 11%的份额中标电信集团宽带融合终端集采项目；在中国移动 2022—2023 年智能家庭网关集中采购中，创维数字 6 款产品 5 个标包全部中选，总中标份额排名第一。4 月，创维数字在中国移动 2023—2024 年智能企业融合网关集采项目中以 22.22%的中标份额位列第二，进入移动政企市场。5 月，创维数字在中国联通家庭智能网关首次集中采购中成功中标，并在河南联通、黑龙江联通和山东联通项目中陆续中标。2023 年，创维数字在东南亚、南亚、拉丁美洲、欧洲等地的宽带连接业务也有所增长，未来随着全球各地千兆宽带的推进，创维数字海外宽带业务将继续发展。

在虚拟现实终端领域，2023 年，随着 5G 网络基础设施的普及和人工智能技术的进步，XR 产业迎来新机遇，各厂家纷纷推出消费级 VR/MR/AR 终端。苹果在 2023 年苹果全球开发者大会上发布首款"空间计算"头戴设备 Vision Pro，对行业产生深远影响，XR 内容生态不断丰富。创维数字主要通过 Pancake 系列产品，面向海外 B 端客户拓展日本、美国、韩国、印度、巴西等市场并实现销售。2023 年，创维数字与印度客户达成战略合作，提供支持手势识别、眼球追踪和 RGB VST 高清彩色透视功能的 MR 产品，性能及功能全新升级。此外，创维数字还积极参加国内外 XR 专业展会，提升品牌知名度，进一步开拓市场。

在智能车载显示领域，2023 年，创维数字汽车智能产品生产销售超过 100 万套，实现营收 9.82 亿元，同比增长 216.29%。在这一年，创维数字获得核心客户 20 个重点项目定点，新增一汽奔腾、长安阿维塔、吉利银河系列产品的新定点，并获取两家自主头部主机厂及国内主流车厂客户的准入和项目定点。依托研发技术和供应链平台，创维数字在产品质量和交付能力上得到客户一致好评，保持良好发展态势。创维数字的车载人机交互显示总成系统和车载智能仪表显示系统具备竞争力和品牌效应，将进一步深耕已定点品牌车厂的新项目，扩大市场占有率。

2023 年，创维数字实现营业收入 106.3 亿元，同比下降 11.50%；实现归母净利润 6.0 亿元，同比下降 26.85%，毛利率为 16.75%；经营活动现金流量净额为 4.8 亿元，同比下降 70.49%。

二、企业发展战略

创维数字的核心业务和重点领域包括新一代信息技术、宽带网络通信、VR/AR/MR、汽车智能、超高清视听等战略性新兴产业。随着全球数字经济、人工智能、大数据与边缘计算、汽车互联等的持续发展，创维数字将基于以下两个维度实施发展战略。

（一）内生性增长与深耕服务平台

基于智能系统技术、平台与应用，向智能系统技术方案提供商、智慧系统集成商、用户运营服务商转型。创维数字已经布局并形成一定的优势产业，结合 AI 等应用，将主要围绕新一代数智融合终端、宽带接入网智能设备、新型专业显示以及与上述业务关联的运营与服务四大产业细分板块展开内生性增长。

数字智能盒子、智能融合型终端系统业务方面，创维数字应用计算机视觉、自然语音处理、自动生成内容等技术及 AIGC 大模型于智能家庭助手、智慧家庭控制、智能物联网等生态体系，在借助 4K/8K 迭代升级实现国内增量销售的同时，加强国际市场建设，增强海外本地化供应链制造能力，未来将进一步扩大全球市场规模与市场份额，提升经营质量与效率，以发展成为全球更具影响力、竞争力的第一品牌。

VR/AR/MR 设备及新生态运营方面，创维数字定位为空间计算及系统平台与内容分发一体的产品与服务提供商，基于空间游戏、MR 直播（体育、舞台艺术等）、教育、医疗、会议、办公、文旅、社交等新应用，在国内外行业定制解决方案、B 端运营商市场及 ToC 消费端实现 XR 设备销售及内容与应用的运营。跟进 XR 技术、空间感知算法、三维重建结构光、六自由度 SLAM 定位与交互技术等技术，构筑空间计算平台与新场景、新空间应用的底层核心能力。

专业显示业务方面，创维数字面向车载显示系统（含人机交互显示总成、数字仪表等）、"显示模组+PCBA+软件"全套 IoT 解决方案，基于汽车智能电子及软件定义汽车、新型显示技术、沉浸车载视听系统、车载 AR 显示系统、5G-A 应用、IoT 解决方案等的大力发展，规划该业务发展成为未来业绩持续增长及相关产业重点布局的业务板块。

（二）外延式扩张与丰富生态链

创维数字把握新产品、新应用、新技术、新场景等机遇，进一步丰富公司的产业生态链，在宽带网络通信及光通信技术相关细分领域、汽车智能业务、云平台生态等第三方内容上实现产业布局的外延式发展扩张。在宽带网络通信及光通信技术相关细分领域，重点布局新材料、新型智能终端设备，以及绿色低碳等业务；在汽车智能业务方面，基于软件定义汽车，在车载娱乐、自动驾驶、域控制等相关细分领域，与车载显示总成硬件业务形成互动、互补合力的"软硬"业务；在第三方内容及应用领域方面，扩充云平台生态，提供第三方应用与服务，具体方向为：8K MR/AR 生态内容，5G VR/MR 直播服务，与运营商合作的云电脑、云游戏业务，教育与健康等服务。

第二节　海康威视

一、总体发展情况

杭州海康威视数字股份有限公司（以下简称"海康威视"）成立于 2001 年，总部位于浙江杭州，是中国领先的视频监控设备和解决方案供应商。海康威视已从电磁波可见光频段的感知技术，陆续扩展到厘米波、毫米波、远红外、中波红外、短波红外、紫外、X 光波段等的感知技术，也扩展到次声波、声波、超声波波段的感知技术，并融合 AI 技术，逐步构建和完善 AIoT 技术体系，推出和完善相关产品与解决方案，并取得了一定的业绩。目前，安防业务和场景数字化是海康威视 AIoT

战略的两大重要业务方向。

海康威视依托物联感知、人工智能与大数据三大支撑技术，打造出物联感知、IT 基础、平台服务、数据服务及应用服务五类丰富的软硬件产品组合。同时，海康威视构建了包括系统设计开发、工程实施、运维管理及运营服务在内的四项系统能力，确保从项目规划到运营维护的全方位服务。在组织架构上，海康威视既稳固了公共服务、企事业及中小企业三大事业群的基础，又积极拓展智能家居、移动机器人与机器视觉等八大创新业务领域。此外，海康威视还建立了国内与国际两大并行的营销体系，有效促进了全球市场的布局与拓展。

2023 年，海康威视初步完成了智能物联战略转型，实现营业收入 893.40 亿元，比上年同期增长 7.42%；实现归属于上市公司股东的净利润 141.08 亿元，比上年同期增长 9.89%。

二、企业发展战略

智能物联是海康威视可长期发展的赛道。智能物联行业的需求始终呈现碎片化、场景化特征，如何在满足个性化需求、形成场景化解决方案的同时，最大限度地获得商业上的规模效应，是对所有行业参与者的挑战。海康威视持续打造适应碎片化需求的业务流程和组织体系，在满足个性化需求的同时，持续推进基线和标准化业务的总结、提炼与优化。海康威视凭借自身的技术积累、行业理解，正在快速推进数字化转型业务的拓展。

（一）持续高强度研发投入，构建全面的技术、产品体系

海康威视自成立以来专注于技术创新，将通用技术与场景化应用技术结合，形成从探测器、模组、设备到系统的产品体系。作为智能物联公司，海康威视将感知技术从可见光扩展到红外、X 光、毫米波等领域，并探索可听声等领域，拓展多维感知融合应用。海康威视在云计算、大数据、人工智能等领域积累深厚，形成从感知到智能感知、从产品到解决方案的完整体系，并不断完善技术、产品和方案，形成研发与市场的循环迭代体系。

海康威视近 5 年累计投入研发资金 413.22 亿元，设立了多级研发

体系，并将在未来保持高强度研发投入，巩固智能物联技术基础，丰富设备种类，抓住数字化转型机遇。2023 年，海康威视快速推进数字化新品研发，推出适合各种应用场景的多维感知产品、音频产品，加速智能物联战略推进，扩大业务占比。

（二）持续完善国内外营销服务网络覆盖，洞悉客户需求

海康威视着力构建全球营销服务体系，快速响应客户需求。其建立了由杭州全球技术支持中心、业务中心技术服务部及授权客户服务站组成的三层垂直服务体系，以确保在全球范围内提供深入的本地化服务。在国内，海康威视已建立 32 个省级业务中心和 300 多家城市分公司及办事处，拥有 3000 余家合作伙伴及授权服务商，形成分层分级的营销体系，并通过不同事业群拓展行业场景应用。在海外，海康威视推进本土化发展，实行"一国一策"战略，截至 2023 年已在海外设立 80 家子公司和办事处，业务覆盖 150 多个国家和地区。同时，其注重授权维修能力下沉和部分产品以换代修服务，并通过优化仓储配送和加快海外仓存货周转等手段，提高本地交付效率。

（三）持续打造柔性制造体系，提升供应链稳定性

智能物联产品的多样化和个性化导致市场碎片化，生产端面对的是小批量、多批次、大规模定制需求。为应对这一挑战，海康威视打造了柔性、高效的制造体系，运用 AI 等新技术提升制造能力，不断提高精益生产和自动化水平。海康威视在全球布局制造能力，以杭州桐庐和重庆为主要运营基地，不断推动现有设施的扩建与新建项目，以增强产能与效率。同时，海康威视还通过在印度、巴西及英国设立的海外工厂实施本地化生产策略，有效缩短产品交付周期，确保全球市场的产品供应稳定。

海康威视着力与供应商建立长期稳定的合作关系，赋能供应链伙伴，提升原材料和零部件质量，增强供应链稳定性。2023 年，海康威视大力推动生产园区数字化，实践自动化、数字化和智能化技术，提升供应质量、运营效率，并降低生产成本。

（四）持续推进管理体系变革，提升运营效率

在业务方向和目标设定方面，海康威视采用 BLM（业务领先模型）战略规划方法，每年更新战略规划和年度计划，确保各业务团队目标明确、分解到位。在内部管理上，海康威视每年推动 100 余个管理变革项目，优化资源投放，提升整体能力。在风险管理上，海康威视建立了健全的风险管理体系，深化全球合规治理，提升合规风险管理水平。海康威视依托 IT 系统建设，不仅实现了业务流程的深度优化，还显著提升了系统的整体运行效率。

（五）持续建设以人为本的组织氛围，团结优秀人才

海康威视坚信人才是推动企业持续发展的核心力量，坚持"以人为本、共同成长"的理念，广泛吸纳全球优秀人才。其通过健全人才识别和绩效评估机制，科学合理地使用人才，以激发员工的积极性和创造力。海康威视以业务战略为牵引，打造敏捷高效的组织架构，确保关键岗位人才供应，强化组织能力，推动业务增长。海康威视已形成了薪酬福利、股权激励和创新业务跟投的综合回报体系，使员工分享公司成长，通过创造业绩获得长期回报，实现业务发展与人才成长的双赢。

第三节　大华

一、总体发展情况

浙江大华技术股份有限公司（以下简称"大华"）是全球领先的以视频为核心的技术解决方案提供商和运营服务商，以 AIoT 和物联数智平台两大技术战略为支撑，将人工智能、大数据、物联网技术有效融合于公司产品与解决方案，服务城市数字化创新和企业数智化转型。大华设立先进技术研究院、大数据研究院、中央研究院、网络安全研究院和未来通信研究院五大研究院，支撑 AIoT 和物联数智平台两大研发产品线，赋能城市业务、企业业务和海外业务三大解决方案，并以杭州总部为中心，在西安、成都、欧洲、拉美建立研发分中心，有序拓展全球化

研发体系。截至 2023 年，大华国内营销网络覆盖 100% 省（自治区、直辖市）、100% 地级市和 70% 以上区县，在海外设立 69 个境外分支机构，产品覆盖 180 多个国家与地区，在全球拥有合作伙伴 1000 多家，设立备件中心/备件站 170 多个。

2023 年，大华营业收入达到 322.18 亿元，同比增长 5.41%；归母净利润高达 73.62 亿元，同比激增 216.73%。

二、企业发展战略

（一）坚持以"五全"为核心的研发创新投入，深化客户需求导向

随着数字化和智能化推进，大华紧抓发展趋势，坚定 AIoT 和物联数智平台两大技术战略，构建"五全"能力基座，实现全域 6D 感知技术"三提升"。大华以视觉解析为核心，构建"1+2"人工智能体系，发布融合多模态的星汉大模型，并应用于城市治理、电力等行业，加速智能市场扩展。大华构建了"全流程管控+全产品覆盖"的安全框架，提供全域云原生、全开放、全场景覆盖的云产品，与伙伴共享共赢。通过持续的技术研发，大华推出超能、萤光、云联、云睿等产品。未来，大华将强化业务模式创新，打造智慧物联首选品牌，携手伙伴共创数智时代新业态。

（二）持续优化全球化营销与服务体系布局，扩大客户覆盖度

截至 2023 年底，大华在国内设有 32 个省区级办事处，增加客户覆盖投入，持续下沉中小企业业务，挖掘盲点客户，建设多维生态合作伙伴，构建综合利他服务平台，助力合作伙伴创新发展。在海外，大华拥有广泛的分销网络，品牌影响力持续扩大。依托技术实力、本地化销售网络和全球物流售后服务体系，大华深化业务机会，加强解决方案与本地市场的适配度，提高海外市场收入占比。此外，大华通过培育国际化的业务开拓和管理团队，持续提升本地业务拓展和组织运营能力，进一步深入拓展国际市场。

（三）深化智能制造，构建面向客户的数字化供应体系

面对客户需求的复杂性和供应链的不确定性，大华在国内外设有制造中心、HUB 仓和国家仓，形成全球多级供应网络，构建高效智能的供应链体系，具备快速响应和及时交付能力。大华坚持"合作、共赢、透明、合规"的原则，优化供应商管理，与供应商共建健康供应链。

大华提升面向客户的数字化交付能力，搭建透明化、可视化的数字交付平台，实现交付体验升级。通过供应链数字化建设，实现制造过程可视、物流优化、供应商管理和内部协同合作，确保准时、可靠地履行交付承诺，满足客户需求。具体地，通过实时监控供应链状态、流程和关键数据，及时解决潜在问题。通过制订合理的交付计划，确保产能和资源满足客户需求。通过选择合适的物流渠道，优化供应链网络，降低运输成本，缩短交货周期，提高交付速度和可靠性。

（四）提升交付与服务能力，打造客户极致体验

大华秉持"成就客户"的核心价值观，构建集成交付、技术支持、运维管理和培训认证的四大服务体系，整合资源、汇集生态力量，提供全生命周期服务。大华加快客户响应速度，提高交付效率，着力构建全球领先的高效专业交付平台，打造智慧物联服务品牌。

在全球化业务战略下，大华依托全球交付与服务中心，使用数字化、智能化工具，提供精准智慧的服务及解决方案。面对伴随智慧物联行业发展下交付复杂度增加的挑战，大华在国内主要省区设置软件能力中心，并支撑周边省区软件研发，灵活满足客户个性化定制需求，以高效交付构建服务竞争力，提升客户满意度。

（五）坚持全生态战略，打造共建、共赢、共生的智慧物联生态共同体

大华致力于打造合作共赢的生态圈，与合作伙伴共创价值。秉承"全生态"理念，大华构建全面开放能力，从技术、业务到服务，开放硬件、软件、算法和业务生态，与生态伙伴共同开拓新领域，推动产业数智化发展，实现共建、共赢、共生。

2023 年，通过大华开放平台（DHOP），大华实现设备对接能力开放；基于物联数智平台，打造丰富组件，实现从 PaaS 到 SaaS 的能力开放；基于巨灵人工智能平台，提供一站式算法训练服务。大华坚持"把方便留给合作伙伴，把复杂留给自己"的理念，优化营销政策、资源支持和组织，构建共享共赢生态，以实现云联万物、数智未来的产业愿景。

（六）持续推进公司合规体系建设，有效保障业务的合规经营和稳健发展

大华坚持诚信经营、恪守商业道德，遵守业务所在国的法律法规，重视全球化经营中的合规风险管理，完善治理体系和风险管理水平，推动网络安全、数据保护、出口管制、经济制裁、科技伦理、反垄断、反洗钱、反贿赂和反腐败等领域的风险预防机制和能力成熟。大华实行"一国一策"的合规风险管理机制，投入人力和资金建立健全各合规领域的风控能力和组织机制，通过高层带头、流程嵌入、全员覆盖、IT 化管理及持续优化，有效防范重大合规风险，维护公司利益和声誉。大华秉持"廉洁公司、正道成功"的宗旨，优化公司治理和内部管理，创造并维护透明、公平、廉洁、诚信的商业环境。

第二十七章

新型显示行业重点企业

第一节　京东方

一、总体发展情况

京东方科技集团股份有限公司（以下简称"京东方"）是一家领先的物联网创新企业，为信息交互和人类健康提供智慧端口产品和专业服务，形成了以半导体显示为核心，物联网创新、传感器及解决方案、MLED、智慧医工融合发展的"1+4+N+生态链"业务架构。

作为我国乃至全球半导体显示领域的龙头企业，京东方在 TV 显示屏领域已连续六年出货量位列全球第一；LCD 面板整体及五大主流领域产品出货量、出货面积继续稳居全球第一；低功耗显示、拼接屏、广告机等物联网创新细分领域产品出货量持续保持全球第一；柔性 OLED 面板出货量近 1.2 亿片，并投建了国内首条第 8.6 代 AMOLED 面板生产线。2023 年，京东方实现营业收入 1745.43 亿元，归属于上市公司股东的净利润达 25.47 亿元，净利润同比增长 71.74%。

京东方以创新驱动企业高质量发展，截至 2023 年，其自主专利申请量已累计超过 9 万件，在年度新增专利申请中，发明专利占比超过 90%，海外专利占比超过 33%，并连续六年位列美国专利授权量排行榜全球 TOP 20。京东方打造了半导体显示、物联网创新、传感器件三大技术策源地，推动打造开放协作的创新生态，促进产业融合高质量发展。

二、企业发展战略

京东方提出"屏之物联"发展战略，基于"1+4+N+生态链"业务架构不断加速"显示技术+物联网应用"深度融合，让屏幕集成更多功能、衍生更多形态、植入更多场景，利用 5G、XR、AI、IoT 等技术，把显示屏往行业应用和细分场景里渗透，在每一个专业深耕的细分场景做大做强。通过构建平台和开发应用，形成"屏+平台+应用"的解决方案，不断赋能千行万业，成为数字经济的赋能者。京东方目前已与联想、惠普、戴尔、康佳、创维等国内外一线品牌展开广泛合作。

三、重点领域发展情况

显示业务方面，2023 年该业务实现营收约 1579.49 亿元。液晶显示屏整体及五大应用领域的出货量、出货面积继续保持全球第一。LCD 领域优势高端旗舰产品持续突破，85 英寸以上超大尺寸产品出货量保持全球第一；柔性 OLED 面板出货量已连续多年稳居国内第一、全球第二；车载显示面板出货量及出货面积持续保持全球第一。在 LCD 显示领域，京东方在超高清、超高刷新率、广色域等方面取得全新突破，通过基于氧化物的 TFT 高速驱动设计和液晶快速响应设计，可实现全系列产品超高刷新率。在柔性显示领域，2023 年全年柔性 OLED 面板出货量近 1.2 亿片，创单年出货量历史新高。在车载显示领域，2023 年为京东方超大尺寸、氧化物面板量产元年。

物联网创新业务方面，2023 年该业务营收同比增长 13.30%。在智慧终端领域，电视终端利润同比增长 105%；显示器终端出货量首次跻身全球前三；平板电脑、笔记本电脑终端业务营收分别同比增长约 70%、50%，实现全球首款 16 英寸轻薄游戏笔记本电脑独供；IoT 终端在白板、拼接屏、投影、穿戴等多个细分市场保持出货量第一。在系统方案领域，京东方智慧园区解决方案全国落地标杆项目超 50 个，覆盖客户超 700 家；智慧金融解决方案为全国超过 4000 家银行网点提供"屏+软件+内容"的智慧化升级服务。

传感业务方面，2023 年该业务营收同比增长 32.13%。智慧视窗业务板块，由京东方牵头制定的《电子染料液晶调光玻璃》国家标准正式发布；医疗影像业务整体营收同比增长 45%，并实现首款柔性高附加值 FPXD 产品量产；工业传感业务完成光纤颜色传感器量产交付，实现国内首发；创新业务板块，业内首条兼容硅基&玻璃基 8 英寸试验线完成通线，实现 2D、3D IPD 产品（无源器件产品）技术突破。

MLED 业务方面，2023 年该业务营收同比增长 81.42%。2023 年，京东方发布 LTPS P0.5 COG AM MLED 显示产品，实现 MLED 领域技术突破，并积极拓展 Mini/Micro LED 多元化的市场应用场景，与上影集团达成战略合作，在 LED 数字创新显示、影视文化、内容创作等多领域展开合作，推动显示科技与文化产业融合发展。

智慧医工业务方面，2023 年该业务营收同比增长 26.71%。2023 年，京东方在北京、合肥、成都、苏州等地的数字医院总门诊量同比提高约 50%；在技术创新方面，京东方自主研发健康远望学习屏、超声影像 AI 一体机和胸部 CT 影像 AI 一体机，强化科技与医学相结合。此外，京东方推出了互联网医院平台，其首个自营自建的智慧医养社区落地成都，这是京东方布局智慧医养领域的又一重要里程碑。

第二节　TCL 华星

一、总体发展情况

TCL 华星光电技术有限公司（以下简称"TCL 华星"）隶属于 TCL 科技，成立于 2009 年，是一家专注半导体显示领域的创新型科技企业。作为全球主要的半导体显示企业，TCL 华星拥有 9 大面板生产线和 5 大模组基地，以深圳、武汉、惠州、苏州、广州、印度五个地区为主要基地，投资金额超 2600 亿元。

2023 年，TCL 华星受益于主要产品价格上涨，经营业绩大幅提升，全年营业收入为 836.55 亿元，同比增长 27.26%；净利润为-0.07 亿元，同比减亏 76.18 亿元；经营性净现金流为 201.20 亿元。TCL 华星电视面板市场份额稳居全球前二，显示器整体出货量排名上升至全球第三，其中，电竞显示器市场份额全球第一，笔记本电脑和车载显示产品完成品牌客户导入并逐步放量，柔性 OLED 业务收入翻倍，公司整体经营情况持续改善。

二、企业发展战略

2020 年 10 月，TCL 华星在其全球显示生态大会上正式宣布，未来 5 年 TCL 华星将从以电视面板为主向全技术、全产品、全场景战略转型，技术上包括 LCD、AMOLED、MLED（包括 Mini LED 和 Micro LED）三大显示技术，产品上覆盖 5 英寸到 130 英寸全尺寸，应用场景上包括电视、商显、桌面显示器等。

三、重点领域发展情况

大尺寸领域，TCL 华星发挥高世代线优势与产业链协同效用，引领电视面板大尺寸升级及高端化发展，积极发展交互白板、数字标牌、拼接屏等商用显示业务。TCL 华星通过发挥 G8.5 和 G11 高世代线的制造效率和制程优势，协同战略客户提升大尺寸电视市场渗透率，提升产业链主要环节的价值规模。TCL 华星电视面板市场份额稳居全球前二，55 英寸及以上尺寸产品面积占比提升至 79%，65 英寸及以上产品面积占比 51%，55 英寸和 75 英寸产品市场份额全球第一，65 英寸产品市场份额全球第二，交互白板、数字标牌、拼接屏等商显产品市场份额全球前三。

中尺寸领域，TCL 华星加快 IT 和车载等新业务产能建设，优化产品和客户结构，打造业务增长新动能。显示器整体出货量排名提升至全球第三，其中电竞显示器市场份额全球第一。6 代 LTPS 扩产项目稳步推进，LTPS 笔电市场份额全球第二，LTPS 平板市场份额全球第一，LTPS 车载屏出货量迅速提升至全球第五。TCL 华星的中尺寸面板业务收入占比提升至 21%，成为其未来增长的主要引擎。

小尺寸领域，TCL 华星以 LTPS 和柔性 OLED 的生产线组合定位中高端市场，产品竞争力和市场份额持续提升。t3 生产线 LTPS 手机面板出货量全球第三，自主开发的 1512PPI Mini-lLED LCD-VR 屏实现量产出货。t4 柔性 OLED 生产线稼动率和出货量快速提升，2023 年第四季度柔性 OLED 手机面板出货量提升至全球第四。柔性 OLED 的折叠、

LTPO、Pol-Less 等新技术达到行业领先水准，高端产品占比持续提升，业务收入实现翻倍增长，经营情况持续改善。

第三节　天马

一、总体发展情况

天马微电子股份有限公司（以下简称"天马"）深耕中小尺寸显示领域，主营业务包括智能手机、智能穿戴、车载、医疗、智能家居等移动智能终端和专业显示设备，并积极布局笔记本电脑、平板电脑等消费电子显示市场，不断拓展技术、产品和服务能力。天马积极布局国内外市场，在深圳、上海、成都、武汉、厦门及日本建有产业基地，在欧洲、美国、日本、韩国、印度等地设立全球营销网络，面向不同地区客户提供定制化的显示解决方案和快速响应的服务支持。

2023 年，天马在 TFT 车载前装和车载仪表、LTPS 智能手机、工业品、刚性 OLED 智能穿戴等显示应用领域保持出货量全球第一，在柔性 OLED 智能手机面板领域出货量上升到国内第二。在医疗、智能家居、人机交互等多个专业显示细分领域，天马的技术和出货量也持续保持全球前列。

二、企业发展战略

把握新时期数字经济时代的市场新机遇，天马在保持显示领域的优势同时，坚持实行"2+1+N"战略。"2"是指把手机显示和车载显示作为两大核心业务，"1"是指将 IT 显示作为快速增长的一个关键业务，"N"是指把工业品、横向细分市场、非显示业务作为增值业务，开展产业链投资及生态拓展。在技术创新方面，天马基于在 Micro-LED、Mini-LED、柔性 OLED 领域的创新技术，持续面向车载、消费、医疗、通信等领域推出产品及解决方案。

三、重点领域发展情况

在 Micro-LED 领域，天马 1.63 英寸 403PPI Micro-LED 显示产品为

全球首发玻璃基最高 PPI 产品。其已和行业头部车企、PID 终端厂商、消费品牌厂商展开创新项目合作，并持续进行项目评估与技术交流。目前，天马已向海内外大客户批量出货车载 Mini-LED 产品，技术方案已实现超过 1000000∶1 的超高显示对比度。

在 OLED 领域，天马已实现 PWM 3840Hz 高频调光、节能低频 LTPS、高刷 165Hz、下窄边框 1.0mm、微四曲、LTPS Ramless 等诸多新技术的业界领先量产，并推出新一代 U8 材料体系，带来更好画质和更长续航，HTD、折叠、MLP 技术实现旗舰机型交付，同时 WQ HTD、HTD Ramless、等高四曲、CFOT 等技术开发顺利推进。

在 LCD 研发和工艺优化上，天马自主研发的全球首款仅 7 道曝光制程的新型 LTPS TFT-LCD 技术，实现了产品的最佳工艺路线和极致产品性能，荣获国际信息显示学会（SID）"Best LCD-Based Technology"奖。

在车载显示领域，天马推出了一系列集成隐形显示、隐私防窥、局部调光（Acrus & Mini-LED 技术）、集成触控、超低温、超低反、三折屏、异形屏、曲面大屏的行业领先技术方案，推出荣获 2023 年 SID"Best Automotive Technology"奖的 DREAM 车载显示方案，以及获得 TÜV 莱茵硬件级低蓝光认证的全球首发车规量子点 Mini-LED 显示屏。面向未来智能座舱人机交互需求，天马开发了更大视场角的 AR-HUD、全景 HUD（IRIS）技术。

第二十八章

电子元器件行业重点企业

第一节 光迅科技

一、总体发展情况

武汉光迅科技股份有限公司（以下简称"光迅科技"）是国内光电子行业先行者，其源于 1976 年成立的邮电部固体器件研究所，2001 年完成改制并于 2009 年登陆深圳证券交易所，成为国内第一家上市的光电子器件公司，是国家认定企业技术中心、国家技术创新示范企业、光纤通信技术和网络国家重点实验室。光迅科技具备光电子芯片、器件、模块及子系统产品的战略研发和规模量产能力，在垂直集成技术能力、一站式产品提供能力及大规模柔性制造能力三大领域上均具备较强实力。光迅科技连续十七年入选"中国光器件与辅助设备及原材料最具竞争力企业 10 强（第 1 名）""全球光器件最具竞争力企业 10 强（第 4 名）"。

2023 年，光迅科技实现营收 60.61 亿元，同比下降 12.31%；净利润为 6.19 亿元，同比增长 1.80%；扣非后净利润为 5.65 亿元，同比增长 3.45%。据行业内市场研究机构 Omdia 的统计数据，2022 年第四季度至 2023 年第三季度期间，光迅科技在全球光器件市场的占有率为 6.3%，全球排名第四。细分市场方面，光迅科技在电信传送网、数据中心、接入网三个细分市场的排名分别为全球第四、第五、第三名。

二、企业发展战略

光迅科技主营业务包括传输、数据与接入两大方面。传输业务方面，主要提供光传送网端到端的整体解决方案，包括传输光收发模块、光纤放大器、光无源器件、智能光器件等，整体收入占比 52.91%。数据与接入业务方面，主要提供支持固网接入和无线接入应用的接入类产品，以及主要用于数据中心、企业网、存储网等领域，包括光电器件、模块、板卡、AOC 等产品在内的数据类产品，整体收入占比 46.44%。光迅科技整体以收入增长战略和有效运营战略为核心，业务上靠传统无源器件业务、光放大器业务立足光通信市场，打通"芯片—器件—模块"产业链，通过核心材料供应链运营联动、及时响应等关键举措，保持传统优势；技术上从网络发展和技术演进趋势出发，围绕信息设备高性能、集成化、智能化、小型化、低功耗、低成本、易维护等共性要求，沿着高速宽带、智能化、集成一体化、小封装、可插拔、低功耗、低成本的发展趋势不断创新。

第二节　天孚通信

一、总体发展情况

苏州天孚光通信股份有限公司（以下简称"天孚通信"）成立于 2005 年，是业界较为领先的光器件整体解决方案提供商和先进光学封装制造服务商。天孚通信于 2015 年在中国创业板上市，其主营业务包括高端无源器件垂直整合方案的提供和高速光器件封装 ODM/OEM，产品广泛应用于光纤通信、光学传感、激光雷达、生物光子学等领域。天孚通信于 2021 年荣获国家级专精特新"小巨人"企业称号，旗下高安天孚荣获 2021 年江西省制造业单项冠军企业称号。天孚通信连续六年获得中国光器件与辅助设备及原材料最具竞争力企业十强称号。

2018—2022 年，天孚通信营收及净利润均保持正向增长，营业收入从 4.43 亿元增长至 11.96 亿元，净利润从 1.36 亿元增长至 4.03 亿元。2023 年，天孚通信营业收入为 19.39 亿元，同比增长达 62.04%；净利润为 7.30 亿元，同比增长 81.14%；扣非净利润为 7.20 亿元，同比增长

97.42%。从具体业务看，光无源器件收入为 11.83 亿元，同比增长 23.28%，营业收入占比达 61.04%，毛利率为 60.25%；光有源器件收入达 7.46 亿元，同比增长 242.52%，占整体营业收入的 38.48%，毛利率为 44.77%。2023 年，天孚通信研发投入达到 1.43 亿元，同比增长 16.74%，占营业收入的比例为 7.39%。

二、企业发展战略

天孚通信通过自主研发和外延并购，在精密陶瓷、工程塑料、复合金属、光学玻璃等基础材料领域积累了多项全球领先的核心工艺技术，在多年技术沉淀下形成了业界较强的工艺技术平台。经过多年发展，天孚通信已从精密元器件厂商发展成为拥有多种器件和封装技术能力的复合平台型企业，形成了以苏州总部为研发中心、日本和中国深圳为研发分支，美国、新加坡和中国香港、深圳、武汉等地负责销售任务，深圳和苏州为量产基地的全球网状布局。天孚通信坚持基于光通信行业的多材料、多工艺、多技术路线能力平台，持续探索与光器件核心能力高度相关的跨领域协同发展，发掘业务新增长点。天孚通信致力于各类中高速光器件产品的研发、生产、销售和服务，拥有十三大产品线，可以为下游客户提供垂直整合一站式解决方案，共拥有包括高速率同轴器件封装解决方案、高速率 BOX 器件封装解决方案、AWG 系列光器件无源解决方案、微光学解决方案在内的八大解决方案。天孚通信各类产品线及解决方案可分为光无源器件和光有源器件。自成立以来，其深耕光无源器件领域，并依托于在无源器件和有源耦合上的技术沉淀，开发光电集成有源产品，实现多产品线垂直整合；同时利用激光雷达和光通信器件的技术复用性，开拓激光雷达市场并实现量产交付，有望开启新增量业务。

第三节　三安光电

一、总体发展情况

三安光电股份有限公司（以下简称"三安光电"）成立于 2000 年 11

月，于 2008 年在上海证券交易所挂牌上市，是具有国际竞争力的化合物半导体企业。三安光电主要从事半导体新材料、外延、芯片与器件的研发、生产与销售，并将二十多年的化合物半导体产业经验充分延伸至微波射频、滤波器、光技术和电力电子领域，一跃成为专注化合物半导体产业、提供全面产品和服务的专业平台，获得全球客户的信赖，在美国、日本、德国、英国、新加坡等全球多个国家建立分支机构。

2023 年，三安光电实现销售收入 140.53 亿元，同比增长 6.28%；归属于母公司股东的净利润为 3.67 亿元，同比下降 46.50%。截至其 2023 年年报报告期末，三安光电资产总额为 576.75 亿元，同比下降 1.22%；归属于上市公司股东的净资产为 383.03 亿元，同比增长 0.94%。集成电路射频器件业务方面，三安光电氮化镓射频第二代大功率基站产品于 2023 年 10 月量产，正推进研发面向 5G-A 市场的第三代产品，并在国际业务中取得突破性进展。其砷化镓射频代工产能达 1.5 万片/月，终端客户涵盖国内外主流手机厂商及国内三大 ODM 厂商。光器件业务方面，三安光电 DFB/PD 产品在接入网领域已成为业界主流方案，数据通信领域 VCSEL 产品已获大客户订单。光技术产品市占率不断提升，PD（光电二极管）国内市占率约 55%，VCSEL（垂直腔面发射激光器）约 30%，DFB（分布式反馈激光器）约 15%。

二、企业发展战略

三安光电专注从 LED 到化合物半导体的产业链垂直整合布局。其从 III-V 族化合物半导体材料应用开始，以芯片为核心主业，拓展可见光、非可见光、通信及功率转换等领域业务。一方面，三安光电传统的可见光业务迅速发展，LED 产品产能不断扩张，并紧随行业发展趋势，积极布局 Mini LED、Micro-LED 等新型显示应用；另一方面，三安光电积极推进非可见光业务布局，稳步推进砷化镓 PA、氮化镓/碳化硅电力电子集成芯片国内外客户验证，进一步推进光通信和滤波器业务布局。传统业务与新型业务的齐头并进，巩固了其行业龙头地位。

第四节　亨通光电

一、总体发展情况

亨通光电成立于 1993 年，前身为"中日合资吴江妙都光缆有限公司"，1999 年 10 月完成公司改制，同年 12 月公司更名为江苏亨通光电股份有限公司。亨通光电于 2003 年 8 月在上交所挂牌上市，2004 年 5 月被评为中国最具竞争力高新技术 100 强企业。2023 年，亨通光电已成为全球光纤通信前三强、全球海缆系统前三强、全球线缆最具竞争力前三强企业。其产业布局遍布全国 15 个省，在苏州拥有 3 座高科技产业园（光通信科技园、国际海洋产业园、光电线缆产业园）。依托国家及省部级创新平台（国家企业技术中心、院士工作站、博士后工作站等），亨通光电在海洋通信、光纤通信、超高压海缆、特高压导线及新能源材料等领域实现了自主可控，拥有一批入选国家工业强基、智能制造、绿色制造试点示范项目，是国家技术创新示范企业、国家两化融合示范企业。

2023 年，亨通光电实现营收 476.22 亿元，同比增长 2.49%；净利润为 21.54 亿元，同比增长 35.77%；扣非净利润为 20.33 亿元，同比增长 31.74%。经营活动产生的现金流量净额为 18.57 亿元，同比增长 117.33%。其中，光通信业务实现营收 73.69 亿元，同比下降 2.52%；但毛利率同比增长 9.27 个百分点，达到 29.36%，光通信业务经营质量稳健提升。

二、企业发展战略

在光通信领域，亨通光电将沿着"产业化一代、研发一代、储备一代"的发展思路，实现公司核心技术自主可控，在已具备应用场景全覆盖的光纤光缆产品的基础上，积极布局前沿光纤产品，以支持空天地海一体化网络互联建设，满足下一代高速光通信的需求。在海洋通信领域，亨通光电将在通信网络和能源互联业务基础上，围绕海洋电力传输、海底网络通信与海洋装备工程三大领域，不断加强对海洋产业的技术研发与产业布局，打造国际一流的海洋能源互联解决方案服务商与全球跨洋通信系统集成业务领导者。

政　策　篇

第二十九章

2023 年中国电子信息产业政策环境

　　电子信息产业是国民经济的战略性、基础性和先导性支柱产业，规模总量大、产业链条长、涉及领域广，是稳定工业经济增长、维护国家政治经济安全的重要领域。作为行业规模较大、占 GDP 比重在 1% 以上的工业行业，电子信息产业对工业稳增长的作用关键，是 2023 年初工业和信息化部明确要促进增长的重点行业之一。2023 年，国家部委层面共发布 16 个电子信息产业相关文件（见表 29-1），较 2022 年增加 1 个，较 2021 年增加 5 个，电子信息产业政策环境呈现持续优化趋势。在电子信息产业一系列稳增长、扩消费相关政策的指引和保障下，2023 年我国电子信息产业生产恢复向好，出口降幅收窄。

　　从电子信息产业外部来看，2023 年电子信息产业政策显示，一方面，电子信息产业渗透性不断凸显，是联系各行各业的重要纽带。全年 16 个电子信息产业相关文件中，有 11 个是工业和信息化部与其他部委联合发文的。其中，既有同应用领域主管部门如住房和城乡建设部、交通运输部、农业农村部、国家能源局等的联合发文，这种与需求侧的密切协同有助于挖掘有效需求，进而推动形成有效供给、优质供给，提高供应链质效和产业生态韧性；也有同保障和管理部门如财政部、税务总局等的联合发文，反映出共同参与、共同推进产业发展的政策合力已初步形成。另一方面，电子信息产业赋能带动作用愈加显著，与传统产业的融合创新发展不断深入，有力支撑传统产业智能化升级。借助电子信息技术或产品，光伏、养老、体育等传统产业向智能光伏、智慧健康养老、智能体育等更先进、更智能、更具竞争力的产业领域延伸，电子信息产业成为传统产业焕新、升级、进阶的重要支撑。

从电子信息产业内部来看，2023 年的产业政策在推动产业高质量发展、推广创新成果应用、规范行业发展、定向专项支持等方面做了重点谋划。分领域看，在集成电路领域，政策精准支持集成电路企业发展，组织了当年度享受税收加计抵减政策的企业清单制定工作；在电子系统领域，先进计算作为政策关注重点，以典型应用案例征集为抓手开展了相关工作；在消费电子领域，政策集中于视听电子、虚拟现实、智慧健康养老三个产业；在能源电子领域，政策活跃度较高，智能光伏、锂离子电池等产业均有相关文件出台，其中光伏是相关文件发布最集中的行业。

一、积极谋划产业高质量发展

2023 年以来，我国电子信息制造业整体呈现持续恢复、结构向优的发展态势，但同时，电子信息制造业仍面临需求不振、预期转弱、增势放缓等挑战，保持行业稳定运行、推动高质量发展的任务依然艰巨。为贯彻落实党的二十大和中央经济工作会议精神，更好发挥电子信息制造业在工业行业中的支撑、引领、赋能作用，助力实现工业经济发展主要预期目标，工业和信息化部会同财政部联合编制了《电子信息制造业2023—2024 年稳增长行动方案》。该方案作为系统谋划电子信息制造业相关工作的两年期政策，从努力扩大有效需求、提升行业供给水平、完善产业生态体系、优化产业政策环境四个方面为稳定近两年电子信息产业增长提供政策保障。2023 年，国家首次针对能源电子和视听电子两个产业印发指导意见，明确了能源电子、视听电子的产业范畴、行业地位和发展重点，为两个产业的高质量发展提供了政策指引。

二、着力推动行业创新应用

创新性工作方面。为贯彻落实国务院办公厅《关于进一步释放消费潜力促进消费持续恢复的意见》（国办发〔2022〕9 号）中关于"创新消费业态和模式""加强商业、文化、旅游、体育、健康、交通等消费跨界融合，积极拓展沉浸式、体验式、互动式消费新场景"的要求，发挥新一代信息技术在体育、文化旅游等行业的赋能带动作用，助力经济社会发展，智能体育、虚拟现实、先进计算三个领域开展了首批次应用案例的征集/公布，有力推动了电子信息技术在体育、教育、文化旅游、广播电视等领域的融合创新应用和成果推广。

持续性工作方面。为落实国务院办公厅《关于推进养老服务发展的意见》（国办发〔2019〕5 号）中关于"促进养老服务高质量发展""实施'互联网+养老'行动。持续推动智慧健康养老产业发展，拓展信息技术在养老领域的应用，制定智慧健康养老产品及服务推广目录，开展智慧健康养老应用试点示范"的要求和《智能光伏产业创新发展行动计划（2021—2025 年）》（工信部联电子〔2021〕226 号）中关于"推动光伏产业与新一代信息技术深度融合"的要求，2023 年，智能光伏、智慧健康养老两个领域的试点示范工作持续开展，相关部委分别公告/公布了第三批试点示范/推广目录并接续组织第四批试点示范的遴选，进一步推动电子信息产业发挥对光伏产业和养老产业转型升级赋能的支撑作用。

三、力促产业依规健康发展

为引导产业结构调整和转型升级，持续加强行业管理，推动产业持续健康发展，工业和信息化部根据国家有关法律法规及产业政策陆续发布若干行业的规范条件及公告管理暂行办法。其中，2019 年和 2021 年先后对印制电路板行业、光伏制造行业和锂离子电池行业进行了规范条件及规范公告管理暂行办法的发布/修订。依据这些引导性文件，2023年，工业和信息化部分别对这三个行业中符合规范条件的一批企业予以公告，同时，拟对 15 家因不能保持规范条件要求的已公告企业，撤销其规范企业资格。

四、精准支持重点产业发展

为促进集成电路产业高质量发展，2022 年，财政部、税务总局联合发布《关于集成电路企业增值税加计抵减政策的通知》（财税〔2023〕17 号），对政策有效期、适用范围、加计抵减计算公式、违规处理等细则进行了明确。其中，明确对适用加计抵减政策的企业采取清单管理，具体适用条件、管理方式和企业清单由工业和信息化部会同发展改革委、财政部、税务总局等部门制定。按照通知要求，2023年，工业和信息化部组织了首批当年度享受增值税加计抵减政策的集成电路企业清单制定工作，确定了管理方式和享受政策的企业条件，对集成电路企业进行了精准的政策支持。

表29-1 2023年国家部门层面发布的电子信息产业相关文件及要点

序号	文件名称	发文机关	文号	发布日期	要点
1	关于推动能源电子产业发展的指导意见	工业和信息化部、教育部、科学技术部、中国人民银行、中国银行保险监督管理委员会、国家能源局	工信部联电子〔2022〕181号	2023-01-17	为推动能源电子产业发展，从供给侧入手、在制造端发力、以硬科技为导向、以产业化为目标，助力实现碳达峰碳中和，拟深入推动能源电子全产业链协同和融合发展，提升太阳能光伏和新型储能电池供给能力，支持新技术新产品在重点终端市场应用，推动关键信息技术及产品发展和创新应用，同时，应高度重视产业安全规范和有序发展，着力提升产业国际化发展水平，强化组织保障措施
2	第三批智能光伏试点示范企业和示范项目名单公示	工业和信息化部、住房和城乡建设部、交通运输部、农业农村部、国家能源局	2023年第1号	2023-02-23	为贯彻落实《智能光伏产业创新发展行动计划（2021—2025年）》（工信部联电子〔2021〕226号），经省级有关部门推荐、专家评审、网上公示等程序，将第三批43家智能光伏试点示范企业和54个示范项目名单予以公示

续表

序号	文件名称	发文机关	文号	发布日期	要点
3	关于公布 2022 年度智能体育典型案例名单的通知	工业和信息化部办公厅、国家体育总局办公厅	工信厅联电子〔2023〕21 号	2023-04-27	根据工业和信息化部办公厅、国家体育总局办公厅《关于征集智能体育典型案例的通知》（工信厅联电子函〔2022〕218 号），经各地主管部门和有关单位推荐、专家评审、线上答辩和网上公示，确定了智能体育产品、智慧体育场馆解决方案、智能户外运动设施解决方案、运动健身 App 及平台、其他方向共 5 个方向共计 100 项 2022 年度智能体育典型案例并予以公布
4	关于公布《智慧健康养老产品及服务推广目录（2022 年版）》的通告	工业和信息化部、民政部、国家卫生健康委	工信部联电子函〔2023〕176 号	2023-06-30	根据工业和信息化部办公厅、民政部办公厅、国家卫生健康委办公厅《关于组织开展 2022 年智慧健康养老产品及服务推广目录申报工作的通知》（工信厅联电子函〔2022〕303 号），经企业自愿申报、地方推荐、专家评审、面向社会公示等程序，确定了《智慧健康养老产品及服务推广目录（2022 年版）》，对入选目录的 15 个健康管理类产品、3 个老年辅助器具类智能产品、13 个养老监护类智能产品、1 个家庭服务机器人、2 个适老化改造智能产品、20 个场景化解决方案、15 项智慧健康服务和 10 项智慧养老服务予以公布

续表

序号	文件名称	发文机关	文号	发布日期	要点
5	关于征集虚拟现实先锋应用案例的通知	工业和信息化部办公厅、教育部办公厅、文化和旅游部办公厅、国家广播电视总局办公厅、国家体育总局办公厅	工信厅联电子函〔2023〕192号	2023-07-20	为贯彻落实《虚拟现实与行业应用融合发展行动计划（2022—2026年）》（工信部联电子〔2022〕148号），加速虚拟现实技术落地推广，推动虚拟现实与行业应用融合发展，相关部委组织开展2023年度虚拟现实先锋应用案例征集工作。该通知明确了征集方向、申报条件、工作要求、成果推广等事项
6	关于征集先进计算典型应用案例的通知	工业和信息化部办公厅	工信厅电子函〔2023〕220号	2023-08-03	为推动先进计算规模化应用，进一步完善产业生态体系，工业和信息化部拟组织开展先进计算典型应用案例推荐工作，总结成功经验，梳理成效突出的典型案例，加强在行业、地区推广，分享实施路径，推动先进计算在更多领域发挥作用。该通知明确了征集内容、申报条件、工作要求、成果推广等事项
7	关于2023年度享受增值税加计抵减政策的集成电路企业清单制定工作有关要求的通知	工业和信息化部、国家发展改革委、财政部、税务总局	工信部联电子函〔2023〕228号	2023-08-30	根据财政部、税务总局《关于集成电路企业增值税加计抵减政策的通知》（财税〔2023〕17号）有关规定，为做好2023年度享受加计抵减政策的集成电路企业清单制定工作，该通知明确了管理方式和享受政策的企业条件

续表

序号	文件名称	发文机关	文号	发布日期	要点
8	关于印发电子信息制造业2023—2024年稳增长行动方案的通知	工业和信息化部、财政部	工信部联电子〔2023〕132号	2023-09-05	为贯彻落实党的二十大和中央经济工作会议精神，更好发挥电子信息制造业在工业行业中的支撑、引领、赋能作用，助力实现工业经济发展主要预期目标，工业和信息化部、财政部制定了《电子信息制造业2023—2024年稳增长行动方案》，实施期限为2023—2024年。该方案明确了总体要求、主要目标、六大工作举措和四项保障措施
9	关于开展2023年智慧健康养老应用试点示范遴选及2017—2019年（前三批）试点示范复核工作的通知	工业和信息化部办公厅、民政部办公厅、国家卫生健康委员会办公厅	工信厅联电子函〔2023〕265号	2023-09-26	为贯彻落实国务院办公厅《关于推进养老服务发展的意见》（国办发〔2019〕5号），按照《智慧健康养老产业发展行动计划（2021—2025年）》（工信部联电子〔2021〕154号）安排，强化试点示范引领效应，加强动态管理，工业和信息化部、民政部、国家卫生健康委组织开展2023年智慧健康养老应用试点示范遴选和2017—2019年（前三批）智慧健康养老应用试点示范复核工作。该通知明确了2023年智慧健康养老应用试点示范单位推荐、2017—2019年（前三批）智慧健康养老应用试点示范单位复核推荐、审核公告、报送要求等事项

续表

序号	文件名称	发文机关	文号	发布日期	要点
10	关于公布 2023 年度虚拟现实先锋应用案例名单的通知	工业和信息化部办公厅、教育部办公厅、文化和旅游部办公厅、国家广播电视总局办公厅、国家体育总局办公厅	工信厅联电子函〔2023〕281 号	2023-10-18	根据工业和信息化部办公厅、教育部办公厅、文化和旅游部办公厅、国家广播电视总局办公厅、国家体育总局办公厅《关于征集虚拟现实先锋应用案例的通知》（工信厅联电子函〔2023〕192 号），经各地主管部门和有关单位推荐、专家评审和网上公示，确定了工业生产、文化旅游、融合媒体、教育培训、体育运动、医疗健康、商贸创意、演艺娱乐、安全应急、残障辅助、智慧城市 11 个领域共 70 项 2023 年度虚拟现实先锋应用案例并予以公布
11	关于开展第四批智能光伏试点示范活动的通知	工业和信息化部办公厅、住房和城乡建设部办公厅、交通运输部办公厅、农业农村部办公厅、国家能源局综合司	工信厅联电子函〔2023〕306 号	2023-11-13	为加快智能光伏技术进步和行业应用，推动能源技术与现代信息、新材料和先进制造技术深度融合，全面提升我国光伏产业发展质量和效率，根据《智能光伏产业创新发展行动计划（2021—2025 年）》（工信部联电子〔2021〕226 号）工作部署，相关部委组织开展第四批智能光伏试点示范活动。该通知明确了试点示范的内容、申报条件、组织实施、管理和激励措施等事项

续表

序号	文件名称	发文机关	文号	发布日期	要点
12	关于印发《关于加快推进视听电子产业高质量发展的指导意见》的通知	工业和信息化部、教育部、商务部、文化和旅游部、国家广播电视总局、国家知识产权局、中央广播电视总台	工信部联电子〔2023〕246号	2023-12-15	为进一步推动视听电子产业高质量发展，培育数字经济发展新空间，加快形成供给和需求更高水平动态平衡，满足现代化产业体系建设要求，相关部委制定了《关于加快推进视听电子产业高质量发展的指导意见》。该意见明确了总体要求，以及提升高水平视听系统供给能力、打造现代视听电子产业体系、开展视听内循环畅通行动、提升产业国际化发展水平等四项重点任务和八项保障措施
13	关于公布2023年先进计算典型应用案例名单的通知	工业和信息化部办公厅	工信厅电子函〔2023〕350号	2023-12-22	根据工业和信息化部办公厅《关于征集先进计算典型应用案例的通知》，经各地工业和信息化主管部门推荐、专家评审和网上公示，确定了城市大脑、工业大脑两个领域共34项先进计算典型应用案例并予以公布。各地可结合本地区实际，在技术创新、应用落地、政府服务等方面对入选案例加大支持力度，推动优秀成果规模化应用

序号	文件名称	发文机关	文　号	发布日期	要点
14	中华人民共和国工业和信息化部公告 2023 年第 39 号	工业和信息化部	2023 年第 39 号	2023-12-26	依据《锂离子电池行业规范条件（2021 年本）》及《锂离子电池行业规范公告管理办法（2021 年本）》，经企业申报、省级工业和信息化主管部门推荐、专家复核、现场核实、网上公示等环节，将符合《锂离子电池行业规范条件》的 6 家企业名单（第七批）、撤销锂离子电池行业规范企业资格的 1 家企业名单（第二批）和 6 项锂离子电池行业规范企业变更公告信息予以公告
15	中华人民共和国工业和信息化部公告 2023 年第 40 号	工业和信息化部	2023 年第 40 号	2023-12-26	根据《印制电路板行业规范条件》及《印制电路板行业规范公告管理暂行办法》规定，经企业申报、省级工业和信息化主管部门推荐、专家复核、现场核实、网上公示等程序，将符合《印制电路板行业规范条件》的 4 家企业名单（第五批）予以公告

续表

序号	文件名称	发文机关	文号	发布日期	要点
16	中华人民共和国工业和信息化部公告 2023 年第 41 号	工业和信息化部	2023 年第 41 号	2023-12-29	按照国务院《关于促进光伏产业健康发展的若干意见》（国发〔2013〕24 号）要求，根据《光伏制造行业规范条件（2021 年本）》及《光伏制造行业规范公告管理暂行办法（2021 年本）》规定，经企业申报、省级工业和信息化管理部门推荐、专家复核、现场核实、网上公示等程序，将符合《光伏制造行业规范条件》的 12 家企业名单（第十二批）、撤销光伏制造行业规范企业资格的 14 家企业名单（第七批）、7 项光伏制造行业规范企业变更公告信息和现行有效符合《光伏制造行业规范条件》的 197 家企业名单（前十一批）予以公告

第三十章

2023 年中国电子信息产业重点政策解析

2023 年以来，国家围绕电子信息制造业稳增长、推动视听电子和能源电子产业发展出台了系列扶持政策，既体现了对以往政策的衔接，又体现了新的政策取向，突出了电子信息产业高质量发展主线，为落实新型工业化发展提供了有力支撑。

一、出台电子信息制造业稳增长行动方案

为贯彻落实党的二十大和中央经济工作会议精神，更好发挥电子信息制造业在工业行业中的支撑、引领、赋能作用，助力实现工业经济发展主要预期目标，工业和信息化部、财政部联合制定发布了《电子信息制造业 2023—2024 年稳增长行动方案》（以下简称《行动方案》）。《行动方案》中所指的电子信息制造业包含计算机、通信和其他电子设备制造业以及锂离子电池、光伏及元器件制造等相关领域。

《行动方案》提出六大工作举措。

一是坚定实施扩大内需战略，激发市场潜力。包括：①促进传统领域消费升级。依托技术和产品形态创新提振手机、电脑、电视等传统电子消费，不断释放国内市场需求。推动手机品牌高端化升级。积极应对人口老龄化加速问题，做好智慧健康养老产业发展引导规范工作，发布智慧健康养老产品和服务推广目录，开展智慧健康养老应用试点示范。②培育壮大虚拟现实、视听产业、先进计算、北斗应用、新型显示、智能光伏等新增长点。

二是加大投资改造力度，推动高端化绿色化智能化发展。包括：①

支持重大项目建设。充分调动各类基金和社会资本积极性，进一步拓展有效投资空间，有序推动集成电路、新型显示、通信设备、智能硬件、锂离子电池等重点领域重大项目开工建设。②推动产业逆周期升级改造。加快产业转型升级向高质量发展迈进，鼓励企业开展逆周期投资，增强产业竞争力。支持企业加快生产线技术改造升级力度，依法依规淘汰落后产能，提升中高端产品比重。③促进绿色制造和智能化升级。鼓励建设电子信息制造业绿色工厂，推进产业资源利用循环化，大力开发推广具备能源高效利用、污染减量化、废弃物资源化利用和无害化处理等功能的工艺技术和设备。面向碳达峰碳中和，推动光伏产业智能转型升级，支持智能光伏关键技术突破、产品创新应用、公共服务平台建设。推动 LED 产业升级发展，促进健康照明产品等扩大应用。

三是稳住外贸基本盘，提升行业开放合作水平。包括：①稳定出口市场。引导电子整机行业优化出口产品结构，提升高附加值产品出口比例，打造品牌国际竞争力。②积极开展国际交流合作。坚持扩大开放、合作共赢，持续优化外资营商环境，鼓励外资企业在我国扩大电子信息领域投资。在集成电路、新型显示、智慧健康养老、超高清视频、北斗应用等领域建立与有关国家（地区）间常态化交流合作机制。贯彻落实"一带一路"倡议，利用光伏、锂电等产业外向型发展优势和全球能源革命机遇，开展双边及多边交流，推动国际产能和应用合作进程。

四是深化供给侧结构性改革，提升行业供给水平。包括：①提升创新发展水平。加快信息技术领域关键核心技术创新和迭代应用，加强Micro-LED、印刷显示等前瞻性产业布局。面向个人计算、新型显示、VR/AR、5G 通信、智能网联汽车等重点领域，推动电子材料、电子专用设备和电子测量仪器技术攻关，研究建立电子材料产业创新公共服务平台，发挥好集成电路材料生产应用示范平台、国家新材料测试评价平台电子材料行业中心等公共服务功能。推动能源电子产业创新发展，实施《关于推动能源电子产业发展的指导意见》，加快太阳能光伏、新型储能产品、重点终端应用、关键信息技术融合创新发展。②全面提升供给能力。落实《新时期促进集成电路产业和软件产业高质量发展的若干政策》及各项细则，落实集成电路企业增值税加计抵减政策，协调解决企业在享受优惠政策中的问题。着力提升芯片供给能力，积极协调芯片企业与应用企业的对接交流。面向数字经济等发展需求,优化集成电路、新型显示等产业布局并提升高端供给水平,增强材料、设备及零配件等配套能力。统筹资源加大锂电、钠电、储能等产业支持力度,加快关键材料设备、工艺薄弱环节突破,保障高质量锂电、储能产品供给。

五是保持产业链供应链顺畅,打造协同发展产业生态体系。包括:①提升产业链现代化水平。聚焦集成电路、新型显示、服务器、光伏等领域,推动短板产业补链、优势产业延链、传统产业升链、新兴产业建链,促进产业链上中下游融通创新、贯通发展,全面提升产业链供应链稳定性。②推动大中小企业融通发展。支持龙头企业做大做强,持续发挥引领支撑效应。鼓励龙头骨干企业围绕主营业务方向,与创新型中小微企业、高等院校、科研机构和各类创客群体有机结合、形成规模。③优化产业布局。发挥"链主"企业作用,优化产业链资源配置,培育一批有国际竞争力的先进制造业集群。

六是优化完善产业政策环境,促进产业经济平稳运行。包括:推动标准制修订工作,加大财政金融支持力度,强化科技人才支撑。

二、为视听电子产业高质量发展开新局、出新招

视听电子是音视频生产、呈现和应用相关技术、产品和服务的总称,是推动经济社会数字化转型的重要工具和实现人民群众美好生活的重要载体。当前,我国视听电子产业发展状况和消费者需求难以匹配,存在消费堵点卡点尚未破除、技术创新基础不牢等突出问题。提升高水平视听系统供给能力,形成需求牵引供给、供给创造需求的高水平动态平衡,对培育我国数字经济发展新空间,实现视听电子产业高质量发展具有重要意义。2023年12月,工业和信息化部、教育部、商务部、文化和旅游部、国家广播电视总局、国家知识产权局、中央广播电视总台七部门联合印发了《关于加快推进视听电子产业高质量发展的指导意见》(以下简称《指导意见》)。

《指导意见》以解决我国视听电子产业供需不匹配不平衡的问题为出发点和落脚点,提出提升以下八大视听系统供给能力。

一是智慧生活视听系统。当前消费需求深刻变化,传统视听电子产品市场遇冷,业内企业需要积极向高品质视听系统解决方案提供商转型

发展。未来，智慧生活视听系统将充分利用新技术，不断优化家庭影音、互动游戏、健康养老和生活服务等新体验、新场景，发展潜力巨大。对此，《指导意见》提出聚焦智慧生活视听新场景、新体验，加快 4K/8K 超高清、高动态范围、沉浸音视频、裸眼 3D、透明显示、柔性显示、无线短距通信、高速多媒体接口等技术应用，提升电视机、手机、投影机、平板电脑、音响、耳机、摄像机等终端产品性能，鼓励开展个性化定制，形成场景化解决方案。推动生成式人工智能赋能智慧生活视听场景，优化家庭影音、互动游戏、健康养老和生活服务等体验。

二是智慧商用显示系统。近几年商用显示产品市场保持较快增长，目前到了提质上量的关键时期，需要从标准规范、质量管理、品牌建设等方面，加快向价值链中高端延伸，实现健康有序发展。在推动产品创新提质外，也需要助力城市文旅和商圈建设，打造视听新体验。对此，《指导意见》提出面向智慧场景显示需求，推动智慧屏、交互屏、电子白板、电子标牌、商用平板、LED 大屏、广告机、数字艺术显示屏及医用显示器等产品创新。支持商业中心、旅游休闲街区、旅游度假区、夜间文化和旅游消费集聚区建设超高清户外大屏、3D 显示大屏，带动夜间经济发展。支持在城市更新中，打造沉浸式文旅体验项目和空间。加快商用显示产业向价值链中高端延伸，引导行业健康有序发展。

三是沉浸车载视听系统。在汽车智能化的过程中，消费者愈发看重车载视听体验，车载音视频产品和服务已经与汽车智能化生态融为一体，市场需求呈现爆发式增长。但目前车载音视频服务仍然单一，影音服务平台还未充分挖掘和利用汽车的智能化潜能，服务也并未贴近出行场景等问题日益凸显。对此，《指导意见》提出发展品质化、个性化、多元化沉浸车载视听系统，加快车载显示屏、抬头显示、流媒体后视镜、摄像头、音响系统、传声器、数字广播接收模块等产品创新，探索空间感知、座舱信息呈现的车载 AR 显示系统，提升智能座舱沉浸式体验。加快车载显示向大屏、超高清方向发展，车载音响向沉浸音频、独立声场、主动降噪方向发展。推广人脸识别、疲劳检测等辅助驾驶功能的车载视听觉系统。深化视听电子产品与智能网联汽车生态对接，推动标准互通互认。

四是高品质音视频制播系统。攻关音视频制播成套设备，既有利于促进我国信息产业和文化产业整体实力提升，驱动音视频技术赋能行业智能化转型升级，助力下游应用企业和普通消费者提升制作播出能力，也有利于培育中高端消费新增长点，培育经济新动能。对此，《指导意见》提出提升 4K/8K 超高清视频制播技术能力，推动前端制播成套系统在广播电视领域应用，加快摄像机、切换台、音频矩阵、监视器、服务器、调色系统等 IP 化产品研发和应用。支持转播车、演播室、总控中心建设。提升高动态范围和沉浸音频制播能力。发展轻量化、智能化超高清音视频网络直播系统，提升网络直播机、全景摄像机、导播台、编/解码器等产品性能，在网络直播和新媒体领域应用推广。

五是教育与会议视听系统。新冠疫情带动了线上教育、线上会议市场的快速增长，在后疫情时代，需要解决好产品低端化、新场景孵化难的问题，加快发展运用视听技术的数字化教室和高品质的视听会议系统。对此，《指导意见》提出发展绿色健康的智慧黑板、智能交互投影、虚拟现实教育一体机、智能讲台、体育教学监测、健康声环境等教育视听产品，鼓励学校建设运用视听技术的数字化教室。发展高品质、高可靠、低时延、轻量化的智能视听会议系统和云台摄像机、传声器、扬声器、控制台等产品，提升安全采集、传输、分发、权限保护的能力和便捷性。

六是智能音视频采集系统。音视频采集技术和产品广泛应用于公共安全领域和各行各业，用户对监控成像质量、智能识别能力提出更高要求。对此，《指导意见》提出推动智能音视频采集系统在各行业应用，支持建设云网边端协同视联网平台，服务社会数字化治理。面向目标辨识、行为识别、工业探伤、缺陷检测、安全巡检、灾害预警、高低温监测等场景，开发集成高精度摄像机、工业摄像机、热成像产品、视觉感知算法、音频分析算法的系统级产品和解决方案，提升采集系统的可靠性、安全性和环境适应性。

七是数字舞台和智慧文博视听系统。我国旅游资源丰富，却也面临着视听觉呈现、特色创意体验不足的问题。将音视频技术等现代科技的创意融入传统文化，重构场景体验，将为传统舞台艺术和文博展示带来全新发展空间。对此，《指导意见》提出聚焦视听科技与文化创意融合应用，发展运用 LED 屏、投影、空间光成像、虚实互动、数字人、裸眼 3D、AR 呈现、VR 绘画、全景成像、动作捕捉、"子弹时间"成像和专业音响等技术产品的视听系统。鼓励剧院、演艺中心用超高清技术录制精品文化演出，开展线上观演，扩大文化消费人群。支持博物馆、主题乐园、体育馆等场所试点沉浸式光影秀、AR 导航，丰富消费体验。

八是近眼显示和激光显示系统。近眼显示是未来视听电子行业发展的新引擎，激光显示近年来逆势增长，均有望达到千亿元级规模。为推动近眼显示、激光显示产业发展，《指导意见》提出加快近眼显示向高分辨率、大视场角、轻薄小型化方向发展，推动多形态、低成本、高性能虚拟现实产品创新发展，加快感知交互设备、内容采集制作设备、开发工具软件、行业解决方案的研发和产业化。加快激光显示从小型激光投影机向大型超高清、高画质、超大尺寸激光显示系统方向发展，推动激光电视、投影等产品普及。

三、出台能源电子产业发展指导意见

能源电子是生产能源、服务能源、应用能源的电子信息技术及产品的总称。它既是实施制造强国和网络强国战略的重要内容，也是新能源生产、存储和利用的物质基础，更是实现"双碳"目标的中坚力量。2023年 1 月，工业和信息化部、科技部、国家能源局等六部门联合发布了《关于推动能源电子产业发展的指导意见》(以下简称《指导意见》)。《指导意见》明确了能源电子产业发展目标：到 2025 年，产业技术创新取得突破，产业基础高级化、产业链现代化水平明显提高，产业生态体系基本建立。到 2030 年，能源电子产业综合实力持续提升，形成与国内外新能源需求相适应的产业规模。能源电子产业成为推动实现碳达峰碳中和的关键力量。

《指导意见》指出要推动支持三大专项行动：太阳能光伏产品及技术供给能力提升行动、新型储能产品及技术供给能力提升行动、能源电子关键信息技术产品供给能力提升行动。这三大专项行动是推动产业发展的直接把手。

《指导意见》突出了以下四个关键点。一是突出融合发展。基于电子信息技术和新能源需求融合创新的时代背景，《指导意见》提出推动以"光储端信"为核心的能源电子全产业链协同和融合发展，提升新能源生产、存储、输配和终端应用能力。二是注重方向引领。《指导意见》明确了相关技术重点发展方向，促进产业智能、绿色、安全发展，推动新技术新产品重点终端市场应用。三是提升供给能力。《指导意见》提出要以高质量供给引领和创造新需求，明确到 2025 年高端产品供给能力大幅提升，并制定了太阳能光伏、新型储能电池、关键信息产品及技术供给能力提升行动。四是注重培育环境。能源电子产业发展既需要抓住全球重大机遇，同时又要防范大干快上、投资过热，《指导意见》提出要重视培育市场环境，深化国际合作，加强人才培养，也要推动产业规范管理，优化产业生态。

《指导意见》旨在依托我国光伏、锂离子电池等产业竞争优势，从供给侧入手、在制造端发力、以硬科技为导向、以产业化为目标，加快推动能源电子各领域技术突破和产品供给能力提升。结合产业发展现状和基础，《指导意见》提出六大重点任务。一是从加强供需两端统筹协调、促进全产业链协同发展、健全技术创新支撑体系等方面深入推动能源电子全产业链协同和融合发展。二是从发展先进高效的光伏产品及技术、开发安全经济的新型储能产品等方面提升供给能力。三是从推动先进产品及技术示范、支持重点领域融合发展、加大新兴领域应用推广等方面支持重点终端市场应用。四是从发展面向新能源的关键信息技术、促进智能制造和运维管理等方面推动关键信息技术发展和创新应用。五是从加强公共服务平台建设、健全产业标准体系、加强行业规范管理、做好安全风险防范等方面推动产业健康有序发展。六是从加快国际合作步伐、深化全球产业链布局等方面着力提升产业国际化发展水平。

展望篇

第三十一章

主要研究机构预测性观点综述

随着 AI 研发进入全方位蓬勃发展期，AI 相关技术演进、产业链建设、规则制定成为 Gartner（加特纳）、德勤、腾讯研究院等国内外研究机构的重点关注对象。此外，高性能计算、平台工程、数字交互等技术也得到各大机构在 2024 年的重点关注。

第一节　Gartner：2024 年十大战略技术趋势

一、全民化的生成式 AI

经过大规模预训练的模型、云计算与开源技术的融合正在推动生成式 AI 的全民化，使这些模型能够被全球工作者所用。Gartner 预测，到 2026 年，超过 80% 的企业将使用生成式 AI API 或模型，或在生产环境中部署支持生成式 AI 的应用。生成式 AI 应用可以让企业用户访问并使用大量内外部信息源，这意味着生成式 AI 的快速应用将极大地促进企业知识和技能的全民化。

二、AI 信任、风险和安全管理

AI 的全民化使得对 AI 信任、风险和安全管理（AI Trust, Risk, Security Management，AI TRiSM）的需求变得更加迫切和明确。在没有"护栏"的情况下，AI 模型可能会迅速产生脱离控制的多重负面效应，抵消 AI 所带来的一切正面绩效和社会收益。AI TRiSM 可提供用于模型运维、主动数据保护、AI 特定安全、模型监控以及第三方模型和应用输入与输出风险控制的工具。Gartner 预测，到 2026 年，采用 AI TRiSM 控制措施的企业将通过筛除多达 80%的错误信息和非法信息来提高决策的准确性。

三、AI 增强开发

AI 增强开发是指使用生成式 AI、机器学习等 AI 技术协助软件工程师进行应用设计、编码和测试。AI 辅助软件工程提高了开发人员的生产力，使开发团队能够满足业务运营对软件日益增长的需求。

四、智能应用

Gartner 将智能应用中的"智能"定义为自主做出适当响应的习得性适应能力。在许多用例中，这种智能被用于更好地增强工作能力或提高工作的自动化程度。作为一种基础能力，应用中的智能包含各种基于 AI 的服务，如机器学习、向量存储和数据链接等。因此，智能应用能够提供不断适应用户需求的体验。

五、增强型互联员工队伍

增强型互联员工队伍（Augmented-Connected Workforce，ACWF）是一种优化员工价值的战略。加速人才队伍建设、扩大人才队伍规模的需求推动了 ACWF 的发展。ACWF 使用智能应用和员工队伍分析，来提供助力员工队伍体验、福祉和自身技能发展的日常环境与指导。Gartner 预测，到 2027 年底，25%的首席信息官将使用增强型互联员工队伍计划将关键岗位的胜任时间缩短 50%。

六、持续威胁暴露管理

持续威胁暴露管理（Continuous Threat Exposure Management，CTEM）是一种使企业机构能够持续而统一地评估企业数字与物理资产可访问性、暴露情况和可利用性的系统性方法。根据威胁载体或业务项目（而非基础设施组件）调整 CTEM 评估和修复范围，不仅能发现漏洞，还能发现无法修补的威胁。Gartner 预测，到 2026 年，根据 CTEM

计划确定安全投资优先级别的企业机构，其安全漏洞将减少三分之二。

七、机器客户

机器客户是一种可以自主协商价格并购买商品和服务的非人类经济行为体。Gartner预测，到2028年，将有150亿台联网产品具备成为机器客户的潜力；到2030年，机器客户将带来数万亿美元的收入，其重要性最终将超过数字商务。在战略上应考虑为相关算法和设备提供便利甚至创造新型客户机器人的机会等。

八、可持续技术

可持续技术是一个数字解决方案框架，其用途是实现能够支持长期生态平衡与人权保障的环境、社会和公司治理（Environmental，Social and Governance，ESG）成果。人工智能、加密货币、物联网、云计算等IT技术的使用正在引发人们对相关能源消耗与环境影响的关注。因此，提高使用IT技术时的效率、循环性与可持续性变得更加重要。Gartner预测，到2027年，25%的首席信息官的个人薪酬将与他们对可持续技术的影响挂钩。

九、平台工程

平台工程是构建和运营自助式内部开发平台的一门学科。每个平台都是一个由专门的产品团队创建和维护，并通过与工具和流程对接来支持用户需求的层。平台工程的目标是优化生产力和用户体验并加快业务价值的实现。

十、行业云平台

行业云平台（Industry Cloud Platform，ICP）通过可组合功能将底层SaaS、PaaS和IaaS整合成全套产品，推动与行业相关的业务成果落地。平台功能通常包括行业数据组织、业务功能库集成、组合工具和其他平台创新功能。ICP是专为特定行业量身定制的云方案，可进一步满足企业机构的需求。Gartner预测，到2027年，将有超过70%的企业使用 ICP 加速其业务计划。

第二节　德勤：2024 年度技术趋势

一、互动新时空：空间计算与工业元宇宙

AR 和 VR 在消费领域已经备受关注，而这些技术的更大影响正在工业生产领域逐步显现。为使工厂更安全、业务更高效，众多企业正通过工业元宇宙赋能万物，如数字孪生、空间模拟、增强型作业指导和数字空间协作。工厂工人、设计师和工程师都在以传统知识工作者未体验过的方式从沉浸式 3D 交互中获益，有些基于久经时间考验的设备（如平板电脑），有些则基于一些新兴的实验性设备（如智能眼镜）。易于访问的高保真 3D 数字化资产，正在为空间网络的实用化铺平道路。最终，自动化机器、先进的网络协同系统甚至更简单的设备就可以实现突破性的空间网络应用，如远程手术，或通过一个装备了各种"连接"的工人来管理整个工厂车间。

二、"灯神"出瓶：生成式 AI 催化增长

在工业环境中，生成式 AI 可以带来巨大的生产力和生产效率提升机会。由于机器已经可以像人类一样行动、理解和表达，关键问题已转化为：这种能力从更广泛的意义上，将如何影响商业环境和我们生活的世界。

三、智取而非力胜：超越暴力式计算

随着技术成为企业能力分化的决定性因素之一，越来越多的企业构建了更加复杂的依赖技术的工作任务。虽然常规的云服务仍然能够为大多数的日常运营提供足够支撑，但在推动企业竞争优势的前沿应用场景中，云服务对专用硬件的新需求逐渐显现。领先的企业正在寻找新的方法来充分利用现有的基础设施，并通过增配先进的硬件来加快算力资源建设的进程。很快，部分领先实践者将会完全突破传统的二进制计算。

四、从 DevOps 到 DevEx：提升技术员工体验

技术人才比以往任何时候都更加重要，但他们的工作方式远未达到高效：在大多数企业，开发人员通常只有 30%～40%的时间用于应用的功能开发。

致力于吸引并和留住最优秀技术人才的企业开始关注一个新的重点：开发者体验（DevEx）。这是一种开发者优先的观念，通过关注软件工程师与组织互动的每个工作触点，以提高他们的日常生产力和满意度。在未来的几年里，DevEx 能够发展出一个集成且直观的工具，使企业内的公民开发者（即非技术人员开发者）更全面地发挥技术价值。

五、慧眼金睛：明辨合成媒体时代的真实

随着 AI 工具的大量涌现，通过网络进行假冒与欺诈变得非常简单，安全风险不断增加，领先企业正在通过一系列制度、策略和技术的"组合拳"来识别有害内容并提高员工的风险意识，以响应这一趋势。

六、核心训练：从"技术负债"到"技术健康"

想要在未来领先的企业，需要放弃点状的"技术负债"处理方式，转而采用全新的"技术健康"综合框架。团队可以利用基于业务影响的预防性健康评估，来帮助团队优先处理技术栈中需要"治疗"的领域，并识别哪些可以继续满足 IT 需求。未来几年，企业很可能在技术栈上制定高度个性化且整合的健康计划，包括投资自愈计划，以减少未来的现代化改造需求。

第三节　腾讯研究院：2024 年十大数字科技前沿应用趋势

一、高性能计算的"四算聚变"

2024 年，全球各地高性能计算集群迎来向 2.0 架构（CPU+GPU）的升级潮，高性能计算集群、量子计算、云计算和边缘计算的"四算融

合"也成为高性能计算 3.0 演进的新趋势,衍生新一轮科技探索。

未来几年,高性能算力应用将爆发,以人工智能和科学计算模拟为代表的应用算法、软件及相关的研究成果和纪录将迎来一轮刷新。加之可持续计算的加大投入,高性能计算技术应用发展将呈现快演进、重效能的新形势。

二、多模态智能体加速 AGI 进程

生成式 AI 推动技术迈入了通用 AI 的门槛,从理解到生成,从感知到决策,人工智能的能力进一步提升。加上多模态、智能体及具身智能等方向的持续探索,AI 有望完成"感知—决策—行动"的闭环。

三、AI 加速人形机器人"手、脑"进化

工业和信息化部印发的《人形机器人创新发展指导意见》指出,人形机器人集成人工智能、高端制造、新材料等先进技术,有望成为继计算机、智能手机、新能源汽车后的颠覆性产品,将变革人类生产生活方式,重塑全球产业发展格局。该意见提出,在关键技术突破方面,打造人形机器人"大脑"和"小脑"、突破"肢体"关键技术、健全技术创新体系。

随着视听触多模态、端侧算力、运动控制技术的进步,人形机器人技术将加速迭代,人形机器人将更柔性、更智能、更灵巧。

四、AI+基因计算解读生命密码

人工智能、大数据、云计算等数字技术正在广泛应用于基因检测、分析、预测、调控以及生物合成等方面,通过大算力的支持,充分利用多模态的海量基因数据,可以帮助我们解答生命科学的重要问题。

AI 与基因计算的结合,开辟了巨大的科学和应用前景,但同时也存在基因隐私保护、基因编辑伦理等问题。

五、数字交互引擎激发超级数字场景

数字交互引擎是在文化创意场景下产生,伴随数字文化产业升级而

不断实现技术迭代的一类工具集，集成了物理模拟、3D 建模、实时渲染等多种前沿技术，是文化科技融合的典型产物。数字交互引擎主要由图形模块、仿真模块、实时渲染模块等构成，它以软件代码包的形式创造虚拟场景，动态呈现其外观变化，支持其与物理世界进行实时交互。

当前，数字交互引擎已经应用于文旅、汽车、工业等多元领域，成为构建实时虚拟世界、实现虚实交互的关键工具集。

六、沉浸式媒体催生 3D 在场

预计多媒体技术将聚焦四大方面。一是如何提高体验质量和服务质量，如进一步降低时延、提高压缩比。二是更高效的内容生成和呈现，如 AIGC、HDR 技术。三是更多样的内容、新媒体，如沉浸式交互和体验。四是更深入产业，助力产业互联网建设。

七、脑机接口从医疗突破迈向交互革命

在数字技术尤其是 AI 技术不断突破的加持下，加上生物相容性电极、小型化设计与集成、微创植入、多模式传感器等关键技术的进步，脑机接口将呈现出加速发展的趋势。预计医疗、军事、教育、混合现实交互、类脑智能等领域将发挥重点带动作用，全球脑机接口商用市场规模将以 17%的年平均增长率在 2030 年突破 60 亿美元。从长远看，脑机接口的意义更为重大，是人类应对人工智能威胁、减弱老龄化社会冲击、探索人类本质等重大问题，构建人机和谐社会的重要路径之一。

八、星地直连通信推动泛在网络覆盖

受益于商业航天近些年的快速发展，火箭发射成本大幅降低，同时卫星的研制成本降低，性能也有了大幅提升，可以满足星地直连大通量卫星研制、发射和大规模星座建设的需求。基于地面 5G 衍生的非地表网络协议实现了产业链融合和赋能，并有望实现星地通信一致化体验。

未来 1～3 年，随着卫星研制能力的提升和星地融合通信协议的进步，基于平板天线的宽带卫星通信系统和面向微型设备的窄带星地融合通信系统有望进入大规模普及阶段，基于宽带的手机直连卫星通信技术也将得到快速发展。

九、eVTOL 加速空中出行奔赴新时代

eVTOL（electric Vertical Take-off and Landing，电动垂直起降飞行器）以电池为能源，采用分布式电推进系统，不仅大幅降低了飞行噪声，提高了操作安全性，还能实现无须跑道的垂直起降。这使其成为一种具备应用潜力的绿色、智能空中交通工具。我国工业和信息化部等四部门共同发布的《绿色航空制造业发展纲要（2023—2035 年）》明确提出了到 2025 年实现 eVTOL 试点运行的发展目标。在政策的大力支持下，空中出行有望在 2025 年后逐步成为公众的交通选择。

十、多能流实时协同重塑虚拟电厂

随着新能源技术和信息技术的发展与成熟，虚拟电厂将成为"双碳"背景下关键环节能源结构转型的重要解决方案。

随着工业革新、大模型算力、新能源汽车等领域的发展，其电力需求仍在不断攀升，是危也是机，让数字化聚合起来的广域虚拟电厂，可以通过承担多网耦合协同工作，将用电大户转变为可供调控的灵活性调节资源，从而有效应对能源结构转型所带来的电网压力，保障新型电力系统的顺利转型。

第三十二章

2024 年中国电子信息制造业发展形势展望

第一节　整体运行发展展望

一、我国电子信息制造业稳健增长，成为建设新型工业化的关键引擎

展望 2024 年，我国经济社会智能化、融合化、绿色化发展进程加快，电子信息制造业赋能千行百业的速度、深度、广度持续扩大，将成为进一步加快建设新型工业化的关键引擎。2023 年，《电子信息制造业 2023—2024 年稳增长行动方案》（以下简称《行动方案》）等一系列政策措施发布落地，政策红利将在 2024 年集中释放，内需市场将成为产业高质量发展的重要支柱。《行动方案》规划，2023—2024 年电子信息制造业规模以上企业营业收入突破 24 万亿元，高端产品供给能力进一步提升，新增长点不断涌现，产业结构持续优化，产业集群建设不断推进。先进计算、新能源等新兴领域市场化步伐加快，工业互联网、智慧农业、智慧能源等行业升级提速，带动电子信息制造业的快速恢复。大模型深度应用有望培育壮大新增长点，企业将大幅接入"大模型+"功能应用，推动多模态人机交互，有望大幅升级电子消费品的智能性和体验感，带动提高产品升级换代意愿。从产业结构看，整机终端、显示面板、集成电路等领域均迎来转型升级的关键时期。手机领域，华为、苹

果、小米、OPPO、vivo、荣耀、传音等重点手机厂商加快产品推新，将为智能手机市场带来新一波换机潮。显示面板领域，液晶面板大尺寸高端产品占比不断提升，AMOLED、MLED 等新型显示技术路线加速并行突破、竞争激烈。锂离子电池领域，新材料、新工艺、新结构进一步涌现，半固态、固态电池能量密度快速提升，快充技术将进一步受到市场关注。6G 领域，由于 6G 研发和商用已提上日程，太赫兹通信、通感一体、星地一体化网络等关键技术有望取得重要进展。集成电路领域，随着 AI 大模型、智能网联汽车井喷式发展，头部企业将竞相推出新产品新技术，从而拉动 AI 芯片、车载芯片、第三代半导体迅速增长，我国集成电路成熟工艺产能进一步释放。

二、产业链供应链韧性和安全水平稳步提升，"新三样"成为我国外贸增长的强劲引擎

展望 2024 年，我国电子信息制造业产业结构将进一步优化，高附加值环节企业占比有望增加，产业链供应链韧性进一步增强。服务器、超级计算机、个人计算机等系统优化和生态构建持续推进，国内计算产业完整性、自主性进一步提升，计算标准和测评体系加速完善。但同时应看到，电子信息制造业技术迭代加速，叠加欧美国家制造业回流和出口管制，电子信息企业面临的国际竞争将更加激烈。相关企业将进一步加快核心技术和关键原材料研发，加强新型显示、北斗应用终端等前瞻性产业布局，向内统筹扩大内需，抢抓国产替代机遇，向外深挖"一带一路"共建国家等国际市场潜力，扩大海外有效需求，加快产业转型升级向高质量发展迈进。同时，各地将加快培育特色产业集群，实现上游原材料供应商、中游设备制造商和下游应用服务提供商的协同发展，推动电子信息制造业向价值链中高端迈进，推动产业链供应链韧性和安全水平进一步提升。

"新三样"发展势头强劲，将进一步成为拉动工业经济增长的新动能。2024 年，预计各地方将大力推进新型工业化，加速项目建设，健全完善产业链供应链，"新三样"较高的产品竞争力、国家政策优势等有望继续保持，将有利于企业快速拓展海外市场。光伏领域，预计 N型电池产业化进程将出现新的突破：TOPCon 电池量产规模进一步持续

扩大，市场占有率快速提升；HJT异质结电池加速推进降本增效，产能进一步释放。从国际市场看，除了欧洲等传统市场，南亚、南美等新兴市场进一步放量，预计我国光伏企业出口预期得以改善。锂电池领域，随着政策支持和消费者接受度的提高，新能源汽车的销量将持续增长，从而带动锂电池市场的扩大，预计2024年国内锂电池产业将进一步在东南亚、东欧、南美等区域落地。电动汽车领域，新能源汽车将进一步成为推动各国经济增长的关键引擎，我国新能源汽车出口将迎来规模效应与品牌效应的新机遇期。随着全球能源消费结构转变，非洲国家加速推动能源转型和绿色发展，预计消费需求将进一步释放，中国电动汽车企业、锂电池企业在这些地区的出口量将有望实现上升。

三、挑战与机遇

面对全球经济复苏乏力、局部冲突频发、市场透支及库存积压等不利因素，2023年，我国电子信息制造业保持稳定运行，全年运行走势先抑后扬，总体呈现韧性发展态势。高端产品、新兴领域热点亮点不断，对传统行业的托举、赋能、引领作用彰显。行业固定资产投资稳定增长，生产运行不断恢复向好，重点产品进出口形势边际改善，行业盈利能力持续恢复。展望2024年，还需要关注以下几点挑战。一是国际"隐性"贸易壁垒增加，"逆经济规律"分裂蕴含巨大风险。伴随全球产业链供应链加速重构，各国采用多种手段推动制造业回流，除出口管制、关税壁垒等"显性"手段外，以去风险、减少外部依赖、绿色环保等主题为借口的"隐性"贸易限制明显增多。电子信息产业的技术和资金密集度高、产业链条长、细分领域多、规模效应显著，数十年来正是依靠全球化产业分工和跨国市场生态整合才成功保持高速发展和活跃创新，"隐性"贸易壁垒可能导致全球电子信息产业链供应链分裂，给产业链供应链正常运行造成沉重打击。二是跨国知识产权纠纷不断，国际产业话语权竞争升级。随着我国电子信息企业"走出去"步伐加快，与外国龙头企业在标准和专利领域的竞争将愈加激烈，与外国政府有关部门、委员会、企业的知识产权纠纷将长期持续。三是中西部、东北地区产业承接仍需提速，区域发展均衡性有待进一步优化。我国电子信息制造业区域发展仍不均衡，东部沿海地区电子信息产业产值排名前三的省份贡献了全国产值的 50% 以上，而东北地区产值的全国占比不足 1%。当前，我国电子信息产业处于供应链生态链重塑变革的历史机遇期，大力推动中西部、东北地区承接电子信息产业转移，有助于加快转变经济发展方式，促进产业结构调整。中西部、东北地区应把握发展规律，因地制宜挖掘区域产业特色和潜力，加强配套能力建设，促进形成区域协调发展、有序承接转移的产业格局。四是美西方国家持续打压我国经济科技，以多种措施遏制我国产业发展。近年来，美国拜登政府在加强出口管制的基础上通过立法和司法手段，强化对我国尖端科技的打击力度。美国对我国的制裁领域由贸易领域向多方面的"超贸易"领域扩展，制裁方式由单一部门制裁转向多部门联合制裁，制裁主体由单边走向多边，预计 2024 年美西方国家将采取更多措施持续加大对我国电子信息产业的打压力度。

展望 2024 年，全球经济复苏预期仍不稳固，地缘政治风险波动性上升，但我国电子信息制造业内生动力不断增强，政策供给红利持续释放，技术创新产业化进程即将加速。同时，伴随消费潜力加快释放，以及投资拉动作用的发挥，产业链供应链韧性和安全水平将继续稳步提升，产业有望在增速进一步企稳的同时迎来更多新机遇，向高质量发展迈进。

第二节　重点行业发展展望

一、计算机行业发展展望

计算机行业作为当今世界最具活力和创新性的行业之一，正面临着前所未有的机遇和挑战。随着数字经济时代的开启，计算机行业将继续保持快速发展态势，为其他行业提供关键技术和解决方案，推动全球经济的数字化转型。

技术创新将持续推动行业发展。未来，随着技术的不断创新和突破，云计算、大数据、人工智能、物联网等领域将迎来更加广阔的发展空间。同时，新兴技术如量子计算、区块链等也将为计算机行业带来更多的发展机遇。

跨界融合将成为行业发展的重要趋势。未来，计算机行业将与更多领域实现跨界融合，推动各行业的数字化转型。例如，在金融领域，计算机技术将与金融行业知识结合，提供金融科技解决方案；在智能制造领域，计算机技术将与制造技术深度融合，推动制造业的智能化和绿色化发展；在医疗健康领域，计算机技术将与生物技术、医学等结合，推动医疗服务的智能化和个性化发展。

网络安全和人才培养将成为行业发展的重点。面对网络攻击和人才短缺等挑战，计算机行业将加大投入力度，提升网络安全保障能力，培养更多的优秀人才。同时，计算机行业也将加强自律和规范，推动行业健康有序发展。

二、通信设备行业发展展望

通信网络基础设施部署升级带动行业持续增长。我国网络基础设施建设坚持以建促用、建用结合发展原则，当前 5G 网络和双千兆网络建设需求将持续推动多类型通信设备采购需求上升。2024 年上半年 3GPP 5G 重要标准 R18 版本的冻结将加速 5G-A 产业链上下游的成熟，并将带动光纤光缆、光网络设备、基站设备等的全面部署和迭代升级。此外，随着双千兆网络的普及，相关应用场景拓展也将带动物联网、车联网、工业互联网等领域的多类型通信终端设备推广和普及。

技术融合创新进一步为行业发展创造新空间。5G、5G-A、6G 等通信技术飞速发展，与人工智能、大数据、云计算、边缘计算、区块链等技术深入融合，进一步推动人、物、信息之间的互联互通。特别是与以生成式人工智能为代表的人工智能技术的融合应用将为通信设备行业带来巨大的创新空间，面向网络优化、数据分析、智能终端等多维度提升通信设备的智能化水平和服务能力，满足用户的定制化和个性化需求。

安全与绿色低碳对行业发展提出新要求。随着新一代信息技术的广泛应用，通信设备行业面临着越来越多的安全挑战，黑客攻击、用户隐私泄露等安全问题日益突出，未来通信设备行业需更加重视行业网络安全，加强安全技术研发和投入，保护用户数据和隐私。同时，随着全球对环境保护和可持续发展的重视，未来通信设备生产、运营等过程中的能源消耗与废弃物和碳排放都将是关注重点，未来需更加注重环保材料的使用和能源利用效率的提高，推动整个行业的可持续发展。

三、消费电子行业发展展望

多技术多行业跨界融合持续为消费电子创新赋能，产品形态和功能呈现多样化趋势。生成式人工智能、柔性显示、5G/5G-A、卫星通话、虚拟现实、增强现实等技术在消费电子领域持续渗透，新技术融合创新引领消费电子升级。柔性屏和彩色墨水屏的发展，创造了更多的应用场景，如方向盘带屏、耳机盒带屏、耳机带屏、手环带屏等。消费电子产品与智能健康技术的联系更加紧密，具备新陈代谢、生理周期、睡眠周期等生理指标监测功能的形态丰富的健康类产品成为研发热点。

智能终端成为创新最丰富、迭代速度最快的领域，有望缩短消费电子产品换代周期。人工智能加速赋能各种产品和场景应用，包括各种人工智能终端产品和自动节能、自动调整显示舒适度、自动调整隐私等多种功能。人工智能技术已从提高生产效率、优化决策过程的辅助手段，转变为支撑产业转型的基础技术和核心能力。生成式人工智能技术为消费电子行业注入全新增长动力，相关芯片、软件、终端等生态基本完善，有望拉动市场规模进入新一轮增长。随着搭载人工智能大模型的消费电子终端产品的普及推广，2027 年人工智能手机、人工智能计算机的渗透率分别有望达到 50% 和 85%。

消费电子产品加速从"万物互联"走向"全场景智联"。人工智能技术已成为消费电子产品的核心卖点，并驱动着手机、计算机、汽车等产业进行生态创新。以自研大模型为基础建设人工智能生态产品矩阵成为企业打造品牌生态的新趋势。随着物联网平台智能交互服务的成熟，消费电子产品间的边界逐步打破，设备间连接开始向系统间互联转变，单一场景应用逐步向多场景融合转变，人机交互方式更加自然和直观。在运动健康、智能家居、智慧出行、智慧办公、影音娱乐等场景下，各类智能消费电子产品之间、产品和应用之间的互联互通成为行业发展共识。

四、新型显示行业发展展望

2024 年，在全球消费电子市场逐渐回暖的带动下，新型显示行业有望迎来修复性增长，但目前国际政治经济形势不确定性仍然较多，传统整机终端在新冠疫情期间出现的"平台期"问题并未得到根本解决，显示面板价格可能长期在中低水平徘徊，产业实际增速还有待进一步观察。我国新型显示产业国际竞争力有望进一步提升，全产业链生态整合能力将持续增强，产业链供应链韧性和健康水平稳步提升，但显示面板企业在技术成熟领域的竞争压力仍然较大，在新兴领域又面临从"跟跑"到"领跑"的技术方向选择问题，进一步升级发展的机遇与挑战同时存在。

多种技术路线在未来几年中仍将并行共进，TFT-LCD 和 AMOLED 仍将保持领先优势，Mini LED 背光、折叠屏等产品有望突破高端市场限制，向主流市场迈进。Mini LED 直显在超大尺寸商业显示领域的市场还将继续扩大，并有望受益于资金和技术积累，加速 Micro LED 技术在商业显示领域的产业化步伐。激光显示和电子纸显示仍将继续在各自特色细分领域快速发展。微显示技术在 XR 设备与人工智能技术应用的带动下，有望进一步提速。随着智能家居、智慧医疗、智慧城市等新业态、新模式加速转变，传统制造业智能化、数字化转型进一步加快，家居中控显示、医疗显示、工控显示等领域也有望结束调整周期，恢复快速增长态势，开辟更多蓝海市场。

五、电子元器件行业发展展望

电子元器件是支撑信息技术产业发展的基石，也是保障产业链供应链安全稳定的关键。在数字经济飞速发展、行业间融合加快的趋势下，加快电子元器件及配套材料和设备仪器等基础电子产业发展，对推进信息技术产业基础高级化、产业链现代化，实现数字经济高质量发展具有重要意义。近年来，随着我国消费电子、汽车电子、计算机、智能家居、工业控制等行业的发展和新能源汽车、物联网、可穿戴设备等市场的扩展，叠加国产化替代的政策红利，我国电子元器件市场需求将不断扩张，行业规模将迅速增长。

第三节 重点领域发展展望

一、智能手机领域发展展望

展望未来，我国智能手机市场将继续展现出巨大的发展潜力。随着技术的进步和消费者需求的变化，智能手机市场将朝着更加智能化、个性化和创新化的方向发展。一是 5G 技术的普及将继续推动智能手机市场的发展。随着 5G 网络的不断建设和完善，5G 手机将逐渐成为市场的主流。5G 技术的优势，如高速率、低时延等，将为消费者带来更加丰富和便捷的使用体验。同时，5G 技术的普及也将带动相关产业的发展，如物联网、智能家居等。二是人工智能技术的应用将进一步深化。随着人工智能技术的不断发展和成熟，智能手机将更加智能化，能够更好地理解和满足用户的需求。例如，智能手机将具备更强大的语音助手功能，能够理解用户的语音指令，提供更加智能化的服务。此外，智能手机还将具备更高级的图像识别和处理能力，能够更好地支持摄像、视频编辑等应用。三是折叠屏手机将继续发展。随着技术的进步和消费者对创新产品的需求，折叠屏手机将成为智能手机市场的一大亮点，而折叠屏手机的普及也将推动相关技术发展，如屏幕技术、铰链技术等。四是自研操作系统的推出将增强品牌的技术实力和核心竞争力。随着智能手机市场的竞争加剧，品牌厂商将更加注重技术研发和创新。自研操作系统的推出，如小米的 HyperOS，将为品牌提供更加灵活和可定制的技术平台，有助于品牌在市场中脱颖而出。五是消费者对智能手机的需求将更加多元化和个性化。随着消费者对智能手机功能的期待不断提升，智能手机市场将呈现出多样化的发展趋势。摄像头性能、电池续航、系统流畅性等方面的创新将继续推动市场的发展。同时，消费者对个性化需求的追求也将推动智能手机市场发展，如定制化服务、个性化外观设计等。六是智能手机市场的竞争将更加激烈。随着技术的不断进步和市场的不断变化，品牌之间的竞争将更加激烈。品牌厂商需要通过不断创新和提升产品性能来满足消费者的需求，以在竞争中占据有利地位。同时，品牌之间的合作和整合也将成为市场的一大趋势，通过合作共赢来应对市场竞争的压力。总的来说，我国智能手机市场的未来呈现积极态势。随着

5G技术的普及、AI技术的应用、折叠屏手机的发展、自研操作系统的推出以及消费者需求的多元化，智能手机市场将继续展现出巨大的发展潜力。同时，市场竞争的加剧也将促使品牌厂商不断创新和提升产品性能，以满足消费者的需求。

二、虚拟现实领域发展展望

（一）近眼显示技术加速成熟，助力终端产品轻薄化、成像高质量发展

目前，快速液晶响应技术及Mini LED背光技术是主流虚拟现实终端的近眼显示方案。未来，硅基OLED有望成为近眼显示方案演进的重点方向。与现有主流方案相比，硅基OLED无论是亮度还是像素密度都有明显提升，苹果、雷鸟创新、若琪、太若科技等厂商的产品均采用硅基OLED屏幕。随着2024年三星、LG以及国内厂商硅基OLED产能落地，或将带动Meta、索尼等头部品牌应用硅基OLED屏幕。

（二）多模态传感器融合感知技术助力交互体验升级

未来，虚拟现实终端厂商将通过同时应用视觉、听觉、运动等多种传感器，获取更全面、准确和可靠的信息，从而更好地帮助虚拟现实终端设备理解和感知周围的世界，提升用户交互体验。以部分主流设备为例，Quest Pro总计装备16颗摄像头，其中头显10颗、手柄6颗，在六自由度追踪定位和视频透视摄像头基础上再增加深度识别、面部追踪、眼动追踪等交互功能。苹果Vision Pro至少配置了12颗摄像头、5个传感器和6个麦克风等共计23个传感器，同时使用R1芯片控制这23个传感器，使感知数据传输接近无延迟，并采用眼动、手势、语音交互替代了传统的手柄控制，定义了新的虚拟现实终端人机交互方式。

（三）算力是未来虚拟现实行业应用的核心驱动要素

优秀的虚拟现实行业应用需要强大的算力支撑，而设备小型化、轻便化则是虚拟现实加速推广的刚需。如何解决好强大算力与轻便设备间的矛盾成为虚拟现实行业应用走向成熟的关键点。在新型基础设施建设

的带动下，云算力将成为支撑高质量虚拟现实内容在小型设备上运行的关键。借助 5G 低时延、高速率的特性，服务器端运算的内容能够更好地传递到小型设备上，同时随着"5G+云算力"这一创新形式的模组与边缘计算设备的普及，相关信号传输的成本与实现方式将会进一步优化。同时，在云端，数据中心也需要进一步进行算力扩容，来支持海量的虚拟现实数据运算要求。

三、超高清视频领域发展展望

视频技术趋势方面，由二维视频向多维视频发展。随着采集、制作、渲染等技术的不断多维化发展，以全景相机为代表的产品持续推陈出新，实时计算能力日趋成熟，二维视频逐渐向三维、沉浸式、多维视频发展。一方面，以数字孪生为代表，利用数字建模、3D 实时渲染等多项技术，将真实世界映射到虚拟空间的实时、移动化视频逐步兴起，谷歌沉浸式地图为其典型应用。另一方面，以体积视频为代表，通过捕捉、建模将生成的视频映射到任何空间中实现跨空间互动的视频技术日渐成熟。未来，视频技术将与虚拟现实、仿真模拟、实时渲染、自由视角等技术深度融合，虚拟现实世界相互交融，视频将无处不在。

视频产生来源方面，由个人消费者向行业应用迁移。根据预测，全球数据量将以年增长率 30% 的速度增长到 2025 年的 175 ZB，其中 85% 的新增流量来自非娱乐行业，摄像头采集的行业视频以及机器视觉、数字孪生等应用将成为视频和流量的重要来源。一方面，随着超高清与各行各业的结合，通过摄像头采集的交通、工业制造、安防等实时数据将成为视频内容的主要来源，同时，源于机器视觉技术的分析需求，行业流量将实现爆发性增长。另一方面，面向消费者的娱乐类流量增长将主要来自依靠媒体技术的机器生成的 UGC（用户生成内容）与 PGC（专业生成内容）媒体。

视频消费模式方面，由随时转发向实时互动转变。随着 5G 普及，分发网络技术、流媒体技术、人工智能技术日趋成熟，基于超高清、低时延互动的沉浸式音视频业务场景不断演化，成为视频行业主力之一。直播带货、演唱会线上直播、互动 K 歌、线上网课等新业态兴起，用户视频消费已从随时转发转向低时延、高还原性、沉浸式的实时互动迁移。据 IDC 预测，2025 年实时视频将占据 30%的比例。同时，在智能交通、安防监控等实时采集分析的行业应用驱动下，实时视频流量将进一步增长。

视频生产模式方面，由线下制作逐步向云端迁移。随着云计算、云存储、云通信技术的不断成熟，视频剪辑、渲染、修复、导播、编码等视频制作都逐渐向云端迁移。据 IDC 数据，预计 2025 年中国视频云市场规模将接近 300 亿美元。从供给端看，以 5G、数据中心为代表的数字新基建的建设，以及边缘计算、实时计算等先进计算技术的快速发展，为视频创作的云端迁移奠定了技术基础；从需求端看，视频从娱乐向办公、教育、医疗、制造、交通等各个场景的快速渗透，以及视频超高清化、移动化、实时化带来的带宽与存储需求的增长都催生了视频云市场的发展。

行业应用方面，由文化娱乐向民生、安全等多领域逐步扩展。超高清视频技术不再局限于传统的广播电视、文教娱乐，其通过与 5G、热成像、3D 渲染、机器视觉等技术的结合，不断扩展应用领域。随着行业应用需求企业与超高清视频产业链企业合作的持续深化，针对不同行业痛点的技术、产品、解决方案不断推出，面向医疗、教育等民生领域，以及卫星遥感、地理测绘等国家重大领域亟须的超高清应用将持续扩展。

四、5G 网络及终端领域发展展望

（一）持续增多的 5G 小基站将助力无线算力网络布局

随着 5G 网络基础覆盖的逐步完成，运营商后续将向细分场景的网络建设聚焦，室内覆盖将成为未来 5G 网络发展的重点方向。5G 小基站能有效解决宏基站成本高、室内穿透性不强的问题，将在各个小型室内场所提供更佳的覆盖性能和更好的用户体验。5G 小基站作为未来重点布局的网络基础设施，也将是算力网络边缘侧的重要节点。在目前的专网应用场景中，存在网络各部分独立采购、系统现场定制集成且独立运营的问题，这将带来成本高、运维难、推广慢的缺点，而基于 5G 小基站的无线算力网络有望依托通用平台的成本优势，与云端网络进行联

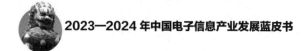

动，打造面向 5G-A 和 6G 多业务、多量纲、高效能的算力承载底座。

（二）技术演进将推动全产业链全价值链高质量发展

2024 年上半年 3GPP R18 标准正式冻结，5G-A 将全面进入商用阶段。目前，中国移动率先公布了首批 100 个 5G-A 商用城市名单，并计划在 2024 年底前，将 5G-A 商用城市扩大到 300 个以上；中国电信和中国联通也在加速布局，积极推进 5G-A 的商用部署。从产业发展角度看，5G-A 将从三大维度实现 5G 未完成的内容，To C 端将推进体验方式从交互式走向沉浸式，通过极致体验连通虚实世界；To B 端将通过端网云协同增强，推动 5G 行业应用纵深发展，深入核心生产域；To V 端将从地面车联网扩展到低空无人机物流、安防领域，通过通感算一体化，拓展数字新经济。

（三）利用 5G 优势基础，提前布局 6G 发展

从"4G 同步"到"5G 引领"，中国移动通信技术完成了从"追赶"到"引领"的转变，我国 5G 移动通信产业已占据全球领先身位。目前，6G 研究已成为全球关注焦点，为争夺先发优势，全球博弈激烈程度进一步上升，美国成立 NEXT G 联盟，欧盟建立 6GIA（6G 基础设施联盟）和 SNS（欧洲智能网络和服务伙伴关系组织）并正式启动新旗舰计划 Hexa-X-II，各国在 6G 领域投入进一步增大。我国需警惕国际科技巨头及科研院所依托先发优势和持续迭代布局，通过组建联盟等方式建立对我国移动通信产业的制约格局。从自身角度，我国需要统筹好 5G-A 与 6G 的发展关系，加速 5G 与 5G-A 商用成熟，加速高频元器件研发与前沿技术探索，实现软硬件协同发力，为 6G 发展奠定基础。

五、人工智能领域发展展望

（一）高性能芯片持续升级，产业生态体系不断完善

在大数据、超级计算、类脑智能等新技术的推动下，人工智能技术呈现出深度学习、跨界融合、人机协同、群智开放、自主操控等新特征。高性能芯片作为人工智能技术发展的重要支撑，直接影响大模型训练推

理的性能和表现。当前，英伟达凭借前沿的半导体工业、创新的芯片架构和软硬一体的生态体系长期维持全球高性能芯片霸主地位，占据较高的市场份额。我国相关科研机构、高校院所开展联合攻关，加速自主人工智能芯片技术研发。未来，随着高性能芯片技术的不断升级，人工智能产业生态体系将进一步完善，形成集"科技研发、技术转化、产业孵化、创业投资、人才培养、配套服务"于一体的智能生态系统，进一步推动人工智能产业快速发展，使其在未来科技革命和产业变革中发挥更加重要的作用。

（二）大模型加速端侧部署，人工智能赋能千行百业

大模型的端侧部署是人工智能技术发展的重要趋势之一。传统上，大模型通常部署在云端，但随着技术的进步和算力需求的增加，越来越多的大模型开始向端侧设备迁移，大模型的端侧部署不仅提高了数据处理效率，还显著降低了大模型推理的时延和功耗，推动人工智能应用更加广泛实用。算法框架革新将为人工智能应用降本、大规模落地提供有效路径。端侧大模型具有移动性强、成本低、数据安全等优势，轻量化和线性化部署将显著提升计算效率。当前，人工智能技术加速推动制造业、农业、金融、医疗、交通等领域的变革，引发智能时代新革命，预计未来面向端侧大模型的应用市场前景将更加广阔，以生成式人工智能为代表的新技术将加速人类创造内容的效率，丰富数字内容生态，开启人机协同创作时代，成为推动千行百业应用创新的动力源泉。

（三）具身智能成为新形态，引领通用人工智能新浪潮

具身智能被视为实现通用人工智能的可行路径之一，已成为业界关注的焦点。具身智能强调将人工智能技术与物理实体结合，使其能够在真实世界中进行交互和任务执行。这种技术不局限于传统的计算机程序，而是通过模拟人类或动物的生理结构和行为模式，使物理实体具备感知、学习和与环境动态交互的能力，使其不仅能够理解和推理，还能与物理世界进行有效互动，从而实现更为复杂和多样化的场景应用。具身智能将推动智能经济时代的加速到来，开启人机融合新时代，为人类社会带来更多的便利和创新。

六、汽车电子领域发展展望

（一）随着政策法规逐渐完善，对汽车电子产品的要求将不断提高

近年来，多部门面向智能网联汽车、自动驾驶等领域不断发布相关政策法规，对准入规范提出了明确要求，对试点产品进行了遴选。未来，随着各地针对基础设施、配套产业链等行业痛点，出台相应支持政策，汽车电子产品技术水平将加快提升，在性能、可靠性、成本等多个方面将更加优化，加速智能网联汽车产业化进程。

（二）自主可控步伐不停，车规级芯片加速上车

随着汽车智能化、电动化的快速发展，车用半导体的需求日益增加，车规级芯片在汽车产业升级中的重要性日益凸显。当前，中国汽车产业已进入电动化、智能化深度融合的新时代，同时也成为引领全球汽车产业智能化发展的重要力量，国产车规级芯片正迎来更大的市场机遇。展望未来，中国汽车芯片企业将继续发挥自身优势，不断提升技术水平和创新能力，为推动我国汽车产业的持续发展做出更大的贡献。

（三）汽车电子产业将积极拥抱 AIGC，探索多领域应用

2023 年以来，AIGC 发展速度惊人，迭代速度呈现指数型趋势。AIGC 的核心是利用人工智能生成用户所需的内容，其应用场景多样，目前已广泛应用于互联网、传媒、电商、影视、娱乐等行业，进行文本、图像、音视频、代码、策略等多模态内容的单一生成或跨模态生成，提升了内容生产效率与多样性。在汽车电子行业，AIGC 在座舱交互、品牌传播、动态营销、客户服务、自动驾驶开发、智能驾驶辅助训练等方面的应用前景巨大，能够促进营销、产品、服务和安全保障提质升级。

七、锂离子电池领域发展展望

（一）技术革命大势：锂离子电池是对信息技术和能源技术双引领的科技革命机遇的响应

当前，全球技术创新进入密集活跃期，新一轮科技革命和产业变革

方兴未艾。尤其是以人工智能、量子信息、移动通信、物联网、区块链为代表的新一代信息技术加速突破应用，以可再生能源、非常规油气、核能、储能、氢能、智慧能源等为代表的新兴能源技术加快迭代，信息技术和能源技术深度融合已是大势所趋。随着先进信息技术与能源生产、传输、存储、消费、交易等环节的深度交叉融合，智慧能源新技术、新模式、新业态持续显现，锂离子电池产业也迎来空前的发展机遇。当前，可再生能源和新型电力系统技术成为引领全球能源向绿色低碳转型的重要驱动，国际能源署预测，可再生能源在全球发电量中的占比将从当前的约 25%攀升至 2050 年的 86%。锂离子电池作为一种高能量密度、环保型的电池产品，正逐渐成为新能源汽车供能和新型电力存储的核心解决方案，是支撑新能源在电力、交通、工业、通信、建筑、军事等领域广泛应用的重要基础，也是实现"双碳"目标的关键支撑之一。

（二）结构变革大势：锂离子电池有机串联"新三样"，为区域经济增长提供动力引擎

当前，世界经济曲折低迷、发展动能不足，在单边主义、保护主义、霸权主义抬头的大背景下，世界经济衰退风险上升，外需增长显著放缓，全球产业竞争格局正在发生重大调整，我国在新一轮发展中面临严峻挑战。资源和环境约束不断强化，投资和出口增速明显放缓，主要依靠资源要素投入、规模扩张的粗放发展模式难以为继，调整结构、转型升级、提质增效刻不容缓。当今时代，绿色低碳已成为全球发展的主流，外贸出口主打产品"新旧更替"，新能源、锂离子电池、太阳能电池等"新三样"的异军突起，成为我国在日益复杂的国际局势下稳外贸、促增长的主导力量。我国深刻把握全球经济发展大势，超前规划、系统布局，接连出台了《"十四五"能源领域科技创新规划》《关于促进新时代新能源高质量发展的实施方案》《新能源汽车产业发展规划（2021—2035 年）》等政策文件，为锂离子电池产业发展提供了良好的政策环境。2023 年，全国锂电池产量超过 940GW·h，同比增长 25%，行业总产值超过 1.4万亿元，为我国经济增长和高质量发展提供了强大支撑。在此背景下，国家重大产业化项目、重点学科院所的新一轮布局将做出相应调整，进一步向以锂离子电池产业为代表的新能源产业聚焦。

（三）战略布局大势：发展锂离子电池是产业高质量发展的内在要求

2023 年中央经济工作会议指出"发展新质生产力"，"大力推进新型工业化"，而具备技术先进、性能可靠、轻便耐用及绿色环保等特征的锂离子电池，因推动我国产业升级及经济高质量发展，成为新质生产力的重要代表与推进新型工业化的强大助力。党的二十大以来，国家不断提出培育新质生产力、推进新型工业化的要求，同时"双碳"目标明确要求构建清洁低碳、安全高效的现代能源体系，而我国当前面临锂离子电池产业产能整体结构性过剩、低端产能闲置、高端产能供不应求的现状，面对全球竞争环境的挑战和自身不断壮大的发展需求，锂离子电池产业迎来高质量发展新要求。

八、智能传感器领域发展展望

（一）人形机器人产业持续加速带动中高端智能传感器国产化替代

近年来，随着 AI 和机器人技术飞速发展，人形机器人产业进入高速发展期，国内外巨头英伟达、OpenAI、特斯拉、字节跳动等纷纷入局，加速人形机器人产业落地。2022 年 9 月，特斯拉推出人形机器人 Bumblebee，随后于 2023 年相继推出人形机器人 Optimus-Gen 系列；2023 年 7 月，我国互联网巨头字节跳动宣布扩建机器人团队；8 月，国产机器人企业宇树科技发布"国内第一台能跑的全尺寸通用人形机器人"；2024 年 3 月，英伟达召开 2024 年度 GPU 技术大会，展出 25 款人形和机械臂机器人。人形机器人中的智能传感器种类众多，其中包括摄像头、激光雷达、六维力矩传感器、编码器、触觉传感器等，成本占人形机器人总成本近 27.71%。人形机器人的热度持续，有望带动中高端传感器产业进一步扩容。同时，工业和信息化部等部门出台《人形机器人创新发展指导意见》等政策，聚焦人形机器人专用传感器，提出要加快突破攻关视、听、力、嗅等高精度传感关键技术。目前，我国高端传感器仍处于起步阶段，而人形机器人的大规模和高科技效应，有望带动国产传感器企业积极研发布局，进一步扩大高端传感器国产化率，率先实现国产化替代。

（二）边缘 AI、量子传感、自供电等新传感器技术有望加速落地

当前，人工智能、量子、生命科学等新技术的迭代演进不仅为智能传感器的市场应用提供了更多机遇，也为传感器技术的演进方向提供了新可能。例如，日本研究院研发的一种钻石量子传感器，在测量电池电流时可将精度提高 100 倍，使充电量接近电池实际容量，有助于最大程度发挥电池性能；BoschSensortec 公司将 AI 技术与传感器融合，先后推出自学习运动传感器 BHI260AP 和 BHI380，未来还会集成边缘 AI 进行更高程度的复杂运算；麻省理工学院的研究人员开发出了一种无需电池、自供电的传感器，可以从环境中获取能量，该技术未来可应用于远程部署的独立传感器、无线传感器、连续监测传感器等。未来，下游多元化应用场景势必推动智能传感器技术不断实现颠覆性突破，而新传感器技术的加速落地又将带来更多颠覆性应用。

九、数据中心领域发展展望

我国数据中心布局的持续优化与一体化趋势加强。"东数西算"工程未来将全面展开，我国数据中心布局有望进一步优化，产业将从以通用数据中心为主转变为多种类型数据中心共存的新局面。数据中心之间、云服务与边缘计算之间的协同体系将逐步完善。以应用需求为驱动力，多类型数据中心的协同作用将成为我国数据中心算力供应的重要方式，持续支持我国数字经济的发展。

数据中心将逐渐突破传统运营模式的限制，产业发展将从资本驱动向创新驱动转变。从节能降碳方面看，随着对数据中心在节能降碳、成本效益提升、智能运营等方面要求的提高，液冷、蓄冷、储能、高压直流、智能运维等新技术的应用将推动数据中心基础设施革新。从云计算技术方面看，云计算技术的深入应用提高了数据中心的虚拟化水平，加强了数据中心与云平台、网络、安全及运营的技术连接。智能芯片、定制服务器、分布式存储、软件定义网络、智能运维等 IT 新技术的应用，有效提升了数据中心的服务能力。我国数据中心产业将增强新技术应用，利用新技术加速实现节能减排和算力服务能力的提升，进一步推动产业发展。

"双碳"目标和可持续发展战略推动数据中心产业的绿色低碳转型。在"双碳"目标和可持续发展战略的长期推动下，我国数据中心产业将朝着绿色低碳方向发展。在产业实践中，数据中心制冷方案供应商将加强对新型制冷技术的研究，包括液冷、自然冷源等技术将变得更加成熟，制冷效率将持续提高。同时，光伏、风电、储能、锂电等绿色电力供应及电力节能技术的研发和应用也将不断深入，储能和锂电等技术的不断突破，也为数据中心提供了更加稳定、可靠的电力支持，进一步推动了数据中心绿色低碳技术的发展和应用。

取消外资准入限制将吸引更多国际资本和技术进入我国互联网数据中心（IDC）市场，促进行业技术水平和服务质量的提升。试点开放IDC等增值电信服务，将加速外资和技术对我国IDC产业的双重支持，在升级设备技术的同时优化运营模式、提升数据处理和存储能力，这将加快国内 IDC 行业的市场化进程，提高行业整体竞争力。此外，外资参与将加速市场竞争，有助于推动行业的竞争态势向更加健康、有序的方向发展，为我国 IDC 行业提供更广阔的成长空间，为国内外企业之间交流合作提供畅通渠道，加快我国 IDC 行业的国际化步伐。

十、智能安防领域发展展望

长期以来，我国安防行业坚持创新驱动，取得了一大批重大研究成果。从早期模拟产品、局域部署到数字化、网络化、智能化发展，从物联网、5G、云计算、大数据、机器学习到 AI 大模型、人工智能+、多模态识别、无人系统等，每次科技的重大创新都推动了产业的进步和产业结构的升级。与此同时，安防产业链内涵不断扩延，涌现出许多新业态、新模式、新赛道，从平安城市到雪亮工程，从社会治安防控到智慧城市建设，从社会治理到服务民生，安防技术产品为保卫国家安全和社会安全、赋能千行百业提供了强大支撑，做出了巨大贡献。

从行业技术发展动向来看，当下大模型及生成式人工智能技术正在掀起新的产业革命，是难得的发展机遇期。在智能安防领域，这两年不少企业推出了针对行业化应用的大模型，2024 年被视为大模型实现落地应用的关键年。随着技术进步和算法优化，智能安防领域的大模型有望在数据处理能力、智能化分析、提前预警、智能决策、行业适用性、回答准确性以及跨领域融合应用等方面取得较大突破,使其不仅能够理解和处理不同的模态信息,还能够逐渐进行高层次的推理、规划和执行。这些大模型在面向公安行业中警情或线索信息提取、大量卷宗信息提炼及警民信息互动等"对话即平台"的应用场景方面,在辅助执法规范化方向及交通、能源等领域,将创造更多新的应用场景和价值。

后　记

　　《2023—2024 年中国电子信息产业发展蓝皮书》由中国电子信息产业发展研究院编撰完成，是一年一度的全景式研究成果，展现了中国电子信息产业发展研究院对电子信息产业的跟踪和思考。

　　参加本书课题研究、数据调研及文稿编撰的人员有中国电子信息产业发展研究院的张立、陈渌萍、张金颖、赵燕、马蓓蓓、王翠林、于萍、张甜甜、李雅琪、王凌霞、苏庭栋、王丽丽、李旭东、徐子凡、宋籽锌、谭卓、秦靓、张哲、李想、高雅、卢倩倩、杨先情、许世琳、龚力、胡恩龙、张铠丞、牛家祺、单鸾、刘恩稷。在研究和编写过程中，本书得到了工业和信息化部电子信息司领导，中国超高清产业联盟、中国虚拟现实产业联盟等行业组织专家，以及各地方工信部门领导的大力支持和指导。本书的出版还得到了中国电子信息产业发展研究院软科学处的大力支持，在此一并表示诚挚感谢。

　　期待本书能为读者了解中国电子信息制造业提供有益参考。本书虽经过研究人员和专家的严谨思考和不懈努力，但由于能力和水平所限，疏漏和不足之处在所难免，敬请广大读者和专家批评指正。

中国电子信息产业发展研究院

赛迪智库

面向政府·服务决策

奋力建设国家高端智库

思想型智库　　国家级平台　　全科型团队
创新型机制　　国际化品牌

《赛迪专报》《赛迪要报》《赛迪深度研究》《美国产业动态》《赛迪前瞻》

《赛迪译丛》《国际智库热点追踪周报》《工信舆情周报》《国际智库报告》

《新型工业化研究》《工业经济研究》《产业政策与法规研究》《工业和信息化研究》

《先进制造业研究》《科技与标准研究》《工信知识产权研究》《全球双碳动态分析》

《中小企业研究》《安全产业研究》《材料工业研究》《消费品工业研究》《电子信息研究》

《集成电路研究》《信息化与软件产业研究》《网络安全研究》《未来产业研究》

思想，还是思想，才使我们与众不同
研究，还是研究，才使我们见微知著

新型工业化研究所（工业和信息化部新型工业化研究中心）
政策法规研究所（工业和信息化法律服务中心）
规划研究所
产业政策研究所（先进制造业研究中心）
科技与标准研究所
知识产权研究所
工业经济研究所（工业和信息化经济运行研究中心）
中小企业研究所
节能与环保研究所（工业和信息化碳达峰碳中和研究中心）
安全产业研究所
材料工业研究所
消费品工业研究所
军民融合研究所
电子信息研究所
集成电路研究所
信息化与软件产业研究所
网络安全研究所
无线电管理研究所（未来产业研究中心）
世界工业研究所（国际合作研究中心）

通讯地址：北京市海淀区万寿路27号院8号楼1201　邮政编码：100846
联系人：王　乐　　　　联系电话：010-68200552　13701083941
传　真：010-68209616　　电子邮件：wangle@ccidgroup.com